an LSTA Grant with
support from
The Denver Public Library

Indicate # of checkouts below:

Jar Mɛ	PA
Apr - Jun	
Jul - Sept	(1)
Oct - Dec	

DALAI LAMA:

LA VISIÓN INTERIOR

- FUENTES DE SABIDURÍA -

DALAI LAMA: LA VISIÓN INTERIOR

Budismo tibetano para Occidente

Piero Verni

Título original: DALAI LAMA. LA VISIONE INTERIORE
© Red edizioni
Traducción: Álex Weber Bermann
Edición: María Jesús Trasobares
Maquetación: Marta Viñals Kosters
Portada: Enric Iborra

© **2000, Océano Grupo Editorial, S.A.**
División Ediciones de Librerías
Milanesat 25-27 - 08017 Barcelona
Tel. 93 280 20 20* - Fax: 93 203 17 91
E-mail: librerias@oceano.com
http://www.oceano.com

ISBN: 84-494-1563-2
Depósito Legal: B-5114-XLIII
Impreso en España - *Printed in Spain*
00132030

Índice

Introducción

En la vida de un individuo existen innumerables tipos de privilegios. Hay privilegios vinculados al nacimiento, a la renta económica, a la posición social... En el transcurso de nuestra vida, todos nos beneficiamos, tarde o temprano, de algún honor. Por lo que a mí respecta, confieso que desde hace muchos años gozo de un grandísimo privilegio, el de poder estar en contacto directo con una de las personalidades más significativas de este siglo: Tenzin Gyatso, decimocuarto Dalai Lama del Tíbet y Premio Nobel de la Paz.

Tuve mi primera entrevista privada con Su Santidad el Dalai Lama en el lejano mayo de 1981 y, de ahí en adelante, he continuado viéndole regularmente varias veces al año. Aunque pueda parecer retórico, no dudo en afirmar que estos encuentros cambiaron literalmente mi existencia y me ofrecieron la oportunidad de pasar horas y horas junto a un hombre que, a través de su conducta, sus ideas y sus enseñanzas, me ha permitido examinarme a mí mismo, y a la realidad que me rodea, de manera mucho más profunda y positiva de lo que jamás había hecho.

Durante los últimos dieciséis años he encontrado al Dalai Lama en la India y en muchas otras partes del mundo, en calidad de periodista o de autor de su biografía (*Dalai Lama. Biografia autorizzata*,

Jaca Book, Milano,1990), o como exponente de un grupo de apoyo a la causa tibetana (Asociación Italia-Tíbet). A lo largo de todas estas citas y entrevistas he recibido siempre respuestas directas, sinceras y eficaces a mis preguntas.

Es difícil explicar mediante palabras lo que el Dalai Lama transmite a quienes encuentra. Logra expresar al mismo tiempo una sencillez desconcertante y una autoridad tan auténtica que no necesitan adornos exteriores. Aun en la seriedad de sus palabras (o dramatismo, cuando se refiere a la tragedia de su país), sus discursos presentan una ironía irresistible. A menudo, una sonora carcajada que surge de su corazón atraviesa su discurso, incluso el más profundo. En el transcurso de nuestros encuentros he discutido con Su Santidad sobre muchos asuntos: acerca de religión y política, de ética y ecología, de las condiciones del exilio hindú y de los últimos descubrimientos de la tecnología. Pero el Dalai Lama me habló, sobre todo, de la civilización tibetana, de aquel mundo fascinante que había llegado incontaminado casi a las puertas del tercer milenio y que la brutal invasión china barrió con furia inaudita. La destrucción y el genocidio cultural que Pekín realizó en el Tíbet, no sólo despojó de su libertad y de su independencia a mujeres y hombres del País de las Nieves, también privó al mundo entero de tesoros que eran uno de los patrimonios más preciados de la humanidad. Hoy, después de más de cuarenta años de encarnizado dominio chino en el Tíbet, todos somos más pobres, todos hemos sido despojados de algo que también nos pertenecía.

Una de las enseñanzas más nobles que proporciona el Dalai Lama es la capacidad de reaccionar a esta violencia con lo que él definió como la *Política de la Gentileza*, es decir, con la fuerza de la tolerancia, de la compasión y de la apertura mental. Desgraciadamente, el mundo está lleno de situaciones en las que el oprimido se vuelve, como reacción, aún más inhumano que el propio opresor. El mensaje del Dalai Lama es exactamente lo contrario: si queremos oponernos firmemente a quienes nos oprimen, en primer lugar debemos ser cualitativamente diferentes a ellos. Nuestra acción y nuestra lucha tendrán que dirigirse por vías distintas para resultar eficaces. Esta actitud, que podemos definir como ética política, forma parte de la precisión extrema con la que Su Santidad aplica a la vida real los principios y fundamentos de la tradición budista. El budismo es algo sumamente valioso en las palabras y acciones del Dalai Lama. Yo pensaba que el budismo, enseñado por el Dalai Lama, sería teórico, abstracto, escolástico. En cambio, se nos muestra como un instrumento directo para mejorar la existencia concreta de los que desean ponerlo en práctica, y creo que esta impresión personal la comparten todos aquéllos que han coincidido con él.

Entre los muchos ejemplos que podría poner sobre la capacidad del Dalai Lama para *personificar* las enseñanzas budistas que transmite, desearía mencionar un episodio del que fui testigo personalmente. En la segunda mitad de los años ochenta me hallaba en Dharamsala (la pequeña aldea del Himachal Pradesh, estado de la India septentrional, sede del Dalai Lama en el exilio) para un ciclo de entrevistas. El Dalai Lama me había permitido asistir a una audiencia que iba a conceder a un grupo de tibetanos recién huidos de su país. Llegué con algunos minutos de antelación a la residencia de Su Santidad y vi a una pequeña muchedumbre de prófugos a la espera de entrar en la sala donde se produciría el encuentro. Primero una joven mujer con su niño en brazos, después un viejo monje, luego otra mujer… Poco a poco el grupo entero empezó a llorar. El recuerdo de las terribles violencias y de las dramáticas condiciones del Tíbet, de donde esta gente se había visto obligada a huir, se materializó a través de aquel llanto sumiso y digno, en el patio anterior a la sala de audiencias del Dalai Lama, donde nos hallábamos. Fue para mí un momento de indescriptible emoción que nunca olvidaré. Poco después, el Dalai Lama llegó y se quedó en silencio durante varios minutos. Simplemente miraba a ese grupo de mujeres y hombres con ternura y una sonrisa llena de energía. Yo observaba alternativamente al Dalai Lama y a su gente. Podía percibir cómo se establecía entre ellos una comunicación no verbal de extraordinaria potencia. Para aquellos tibetanos Su Santidad era la personificación del principio de la compasión. Ciertamente no parecía un erudito o un estudioso que poseyera el conocimiento abstracto. E incluso yo, que no soy tibetano, podía captar este aspecto del Dalai Lama. Tras algunos minutos, los sollozos y el llanto que sacudían a esas personas empezaron a disminuir; luego, cesaron sustituidos por una devoción sin límites. Sólo entonces el Dalai Lama empezó a hablar y a preguntar a los refugiados noticias sobre su fuga y sus condiciones.

No sé si he logrado expresar la «magia» de esa situación. De todos modos, lo que quería subrayar, hablando de este episodio, es cómo el Dalai Lama consigue personificar, es preciso repetirlo, las enseñanzas de las que es poseedor.

Durante estos años he hablado con una gran cantidad de periodistas que le vieron, profesionales descreídos y escépticos acostumbrados a entrevistar a toda clase de «poderosos de la tierra». Sin embargo, muy pocos fueron los que no se quedaron profundamente impresionados por el encanto del Dalai Lama, por su humanidad y la trascendencia de su mensaje.

En este libro hemos querido destacar el aspecto religioso, espiritual y ético del pensamiento del Dalai Lama, más que el específicamente político. De todas maneras, quien desee documentarse acerca de esto último, hallará numerosas referencias a los textos que exponen la cuestión tibetana en el apartado de bibliografía.

Antes de concluir esta breve introducción, quisiera aclarar en pocas palabras los criterios de edición de este libro, especialmente en lo que se refiere a la transcripción de las palabras del Dalai Lama. Todas nuestras conversaciones se han desarrollado en inglés y sólo en alguna ocasión, se ha expresado en tibetano, mientras su secretario, que asistía a las citas, se encargaba de traducir al inglés. He intentado hacer todo lo posible por mantener la humanidad, la inmediatez, la lealtad y el candor del lenguaje que el Dalai Lama utilizó en el transcurso de las entrevistas. He reducido las intervenciones editoriales dejando las numerosas repeticiones de su peculiar forma de hablar, con el propósito de reflejar la emoción del lenguaje hablado del Dalai Lama. Por otro lado, he recurrido a los puntos suspensivos para reflejar las muchas y largas pausas en la conversación del Dalai Lama, pausas que hacen «estallar» entre él y su interlocutor un silencio ensordecedor. El de las pausas es otro de los aspectos reveladores del

Dalai Lama, más aún que las palabras. Cuando hablas con él, de hecho, tienes siempre la impresión de que entrega todas sus energías a la conversación y de que hace todo tipo de esfuerzos por intentar expresar de la mejor manera posible su pensamiento. El resultado de dicho empeño son las frecuentes pausas que representan un aspecto significativo de su forma de comunicar. De todos modos, a pesar de todos mis esfuerzos, me doy cuenta de que es muy difícil reproducir por escrito la intensidad de su comunicación verbal. En todo caso, si hubiese logrado transmitir al lector aunque sólo sea una mínima parte de la energía englobada en las palabras del Dalai Lama, me consideraría satisfecho.

Piero Verni

Conversaciones

Las Cuatro Nobles Verdades, el Refugio y el Maestro espiritual

—Dalai, ¿nos adentramos en el mundo fascinante, aunque complejo, del budismo tibetano?

—Creo que podríamos ver más tarde las características específicamente tibetanas de nuestra tradición religiosa. Sin embargo, quisiera aclarar desde un principio que, contrariamente a lo que suelen asegurar algunos estudiosos occidentales que hablan incluso de lamaísmo como si nos halláramos ante otra religión, el budismo brotado en el Tíbet a partir del siglo VII d.C. ha sido siempre fiel a las enseñanzas de Buda Sakyamuni, y se ha conservado a lo largo de los siglos y ha llegado hasta nosotros. De hecho, no deberíamos siquiera hablar de budismo tibetano…

—Sino sólo de budismo…

—Sí, creo que sería mejor. De lo contrario, hasta en la elección del nombre se producen confusiones que pueden dificultar la auténtica comprensión de la doctrina de Buda. Verá, el corazón de la espiritualidad budista o, si prefiere, de la religión budista, es completamente universal… no atañe a un determinado país asiático o a una particular nación… es más, ni siquiera podemos reducirlo a Asia antes que a otro continente. El *Buddhadharma*, expresión sánscrita que significa «sendero de Buda», es una enseñanza universal que se refiere a todos los seres vivos de este planeta, independientemente de la cultura o país al que pertenezcamos. Nos atañe a todos y ni siquiera conoce barreras temporales… Es un camino espiritual enseñado hace más de 2.500 años y, sin embargo, es aún sumamente actual. ¿Sabe por qué?

–*Quizá… pero preferiría que lo explicase usted.*

–Porque el budismo entra en contacto directo con la mente de mujeres y hombres que habitan este planeta, y los mecanismos que ponen en funcionamiento la mente son básicamente los mismos hoy que hace 2.000 años… aquí, en la India, como en Europa, América, o cualquier otra parte del mundo.

–*Entonces, si he entendido bien, el corazón de las enseñanzas budistas ha permanecido inalterado en el curso de los milenios, así como el largo viaje que esta tradición religiosa ha efectuado, iniciándose en la India para después extenderse a Asia entera y, hoy en día, mucho más allá de las propias fronteras de este continente, ¿no es así?*

–Es cierto que, en los lugares donde el *Buddhadharma* se asentó, algunos aspectos de las culturas locales fueron englobados, es decir, fueron metabolizados. Pero son elementos que jamás tuvieron que ver con el corazón de las enseñanzas. Se refirieron siempre a alguna forma exterior del ritual, del «lenguaje» budista. Por ejemplo, hay notables diferencias en el vestuario de los monjes, en la arquitectura de monasterios y templos, a veces, incluso, en la forma de recitar los textos sagrados, pero repito, en lo que se refiere a los aspectos esenciales de la espiritualidad, de la filosofía y de la psicología budistas no hay diferencias, existió siempre y únicamente la doctrina de Buda Sakyamuni.

—Entonces, ¿intentamos adentrarnos en este sendero?

—No me está pidiendo algo fácil... Explicar brevemente una tradición tan antigua y compleja... ¡No sé si lo lograré! ¡No sé si ha elegido a la persona justa para entrevistar! (se ríe). Pero, bromas aparte, se puede empezar por lo que definiría la base de las enseñanzas budistas, las Cuatro Nobles Verdades. Es decir, la verdad del sufrimiento, la verdad de las causas del sufrimiento, la verdad del final del sufrimiento y la verdad del sendero que conduce al final del sufrimiento. ¿Me está comprendiendo? Dígame si la forma de expresarme puede funcionar para una entrevista o si resulta demasiado escolástica y debería usar un lenguaje más sencillo...

—Es clarísimo, Dalai...

—Entonces sigamos... Sufrimiento y sus causas, hemos dicho. El final del sufrimiento y los senderos para alcanzar el final del sufrimiento. Verá, varias religiones, entre ellas el cristianismo, hablan sobre el dolor de la existencia, pero en un sentido bastante diferente al del budismo. Para nosotros el sufrimiento es una tipo de enfermedad, por decirlo así... una enfermedad provocada por una serie de hechos, tanto interiores como exteriores, relacionados con el ser humano. El problema es comprender que estamos enfermos... que algo no funciona. Precisamente, como sucede con las enfermedades físicas, primero tienes que darte cuenta de que sufres, después tienes que acudir a un médico que te hará los debidos análisis para descubrir qué es lo que no funciona y, por fin, podrás tomar los medicamentos adecuados para curarte. Éste es precisamente el proceso de comprensión interior indicado por Buda Sakyamuni. La Primera Noble Verdad está relacionada con el descubrimiento de la enfermedad, el sufrimiento que impregna la existencia humana. Después, la Segunda Noble Verdad: no es suficiente comprender que existe el sufrimiento, más bien debemos descubrir sus causas, sus motivaciones profundas, sus orígenes. Luego, la Tercera Noble Verdad, que nos permite comprender que es posible acabar con el sufrimiento… Tras haberlo identificado y haber reconocido sus causas, veremos que existe también el final del sufrimiento, que somos capaces de curarnos de la enfermedad. Llegamos así a la Cuarta Noble Verdad, la del sendero que conduce a la cura, al final del sufrimiento…

–*¿A la iluminación?*
–La iluminación, el estado de «budidad», se encuentra al final del camino interior, de la realización interior y espiritual. Pero antes de hablar de esto, desearía precisar aún más las Cuatro Nobles Verdades. Quisiera aclarar la importancia que, desde el punto de vista budista, tiene una seria indagación sobre el sufrimiento…

–*Ciertamente, a menudo, en Occidente no se comprende bien qué significa exactamente «sufrimiento» en el lenguaje budista.*
–Según el budismo, existen varios aspectos del sufrimiento que, en general, podemos resumir en el *sufrimiento del dolor*, el *sufri-*

miento del cambio y el *sufrimiento totalizante*. El primer tipo de sufrimiento es el ordinario, que más o menos coincide con el dolor físico. El segundo aspecto del sufrimiento, que llamamos el sufrimiento del cambio, es muy importante... aunque, aparentemente, podría parecer lo contrario al sufrimiento... y es que, en efecto, estamos hablando del placer.

—*¿El placer físico o mental?*
—Toda clase de placer... físico, mental, psicológico. Todo lo que nos ofrece sensaciones placenteras. Al principio, este placer parece muy atractivo, nos da grandes satisfacciones. Nos regalan un objeto que nos gusta, logramos un premio importante... y estamos felices. A veces nos parece, incluso, que toda nuestra existencia ha cambiado por completo pero, si miramos bien, en este placer se encuentran las semillas del futuro sufrimiento. Es más, podemos decir que cuanto más intenso es este placer más profundo será el futuro sufrimiento.

—*¿En el sentido de que empezamos a temer perder esa fuente de placer?*
—Sí, porque inmediatamente después de haber experimentado el placer, empiezan los problemas. El objeto de nuestro deseo se rompe, perdemos el *status* que habíamos alcanzado... y aun si todo esto no pasa, de todos modos nos queda el temor de que pueda ocurrir. Nos volvemos paranoicos respecto al futuro. Por lo tanto, aquel placer inicial provoca problemas que complican nuestra vida más que simplificarla. Debemos comprender que se trata de un tipo aparente de pla-

cer... no nos hallamos ante algo sustancialmente placentero. Si así fuese, cuanto más lo experimentáramos, más placer deberíamos sentir. Pero hemos visto que no es así. Como usted ha dicho, empezamos inmediatamente a temer la pérdida de nuestra fuente de placer... o bien ésta se rompe, o de todas maneras nos la quitan... o, sencillamente, nos hartamos y una sensación de aburrimiento, de náusea, reemplaza el entusiasmo inicial. Es esto lo que suele definirse como el sufrimiento del cambio, porque es precisamente el cambio lo que evidencia la naturaleza de este sufrimiento.

Por último, tenemos el tercer tipo de sufrimiento, el totalizante, que está estrechamente vinculado a los dos primeros, tanto porque constituye, por decirlo de alguna manera, el terreno sobre el que aquéllos se apoyan, como porque representa la base del sufrimiento actual y futuro.

–Dalai, ¿puede aclarar este último punto?

–Intentaré explicarme con un ejemplo. Imaginemos que una persona se corta con un cuchillo... o se hiere gravemente un brazo mientras trabaja en el campo. La herida se infecta y le produce un dolor terrible. Llega el médico y aplica un ungüento curativo sobre la llaga, de modo que, poco a poco, el dolor disminuye hasta desaparecer. Sin embargo, si el paciente se golpea accidentalmente la herida con un mueble, entonces el dolor agudo volverá a manifestarse. En nuestro ejemplo, el dolor causado por la herida representa el sufrimiento ordinario, el alivio proporcionado por el ungüento representa el sufrimiento del cambio y la herida, el sufrimiento totalizante. Si la persona de nuestro ejemplo no se hubiese herido no se habría producido el proceso que ocasionaron los sucesivos sufrimientos. De este último aspecto del sufrimiento sólo podemos salir terminando el ciclo de sucesivos nacimientos, muertes y renacimientos.

—Si usted está de acuerdo, Dalai, examinaría más adelante el tema de la reencarnación. Ahora sería interesante saber cuál es el origen del sufrimiento.

—El tema sería muy largo... Resumiendo podemos decir que las causas del sufrimiento radican en las tres principales emociones negativas, es decir, la *ignorancia*, el *deseo* y el *odio*, que, a su vez, son fuente de muchas otras emociones negativas menores. Todos estos estados mentales, diversamente mezclados, provocan siempre condiciones de extremo sufrimiento, tanto físico como mental, volviendo de hecho imposible la práctica espiritual y la consecución de la auténtica felicidad interior.

—¿Podemos afirmar, entonces, que el conocimiento de las Cuatro Nobles Verdades *es el primer paso para encaminarse hacia el sendero budista?*

—Ciertamente. Conocer y profundizar estas verdades es indispensable para todos los que quieran seguir la enseñanza budista... pero, obviamente, esto no es suficiente... Quiero decir que no es suficiente una simple comprensión intelectual y filosófica de estas verdades. Debemos poner en práctica lo que sostiene Buda: proseguir por el sendero, practicar la meditación y ampararse...

—¿*Puede explicarnos detalladamente qué significa «ampararse»?*

—Podemos considerar la «toma de amparo» como el acto formal para volverse budista. Todas las corrientes del budismo coinciden en esto… Un budista es alguien, mujer u hombre, que se ha amparado en las Tres Joyas: Buda, el Dharma y el Sangha.

Ampararse en Buda quiere decir depositar nuestra confianza tanto en las enseñanzas de Buda Sakyamuni como en el propio concepto de maestro espiritual que él representa. Cuando un discípulo se inclina frente a una estatua de Buda, no sólo rinde homenaje a la figura y a la obra del Buda histórico, sino también al «principio» de Maestro. A través de este homenaje él se inclina también a todos los maestros que en el transcurso de los siglos transmitieron y conservaron la doctrina budista.

Para un practicante budista, Buda es un ser que se ha librado totalmente de cualquier ilusión, de cualquier apego, de cualquier ignorancia. Quien ha alcanzado la iluminación ha obtenido la sabiduría definitiva y, mediante la comprensión de la verdadera realidad de los fenómenos, ha eliminado completamente de su mente toda oscuridad.

—*Pero, ¿por qué se utiliza la expresión «ampararse»?*

—Ampararse significa, en este contexto, que reconocemos la validez de las enseñanzas budistas y que nos entregamos a ellas para conseguir nuestra liberación. Por lo tanto, consideramos que la intrínseca bondad de la doctrina del iluminado puede ayudar, proteger y guiar al practicante a través del camino de la liberación, que no siempre es fácil de recorrer. Pero regresemos al amparo… Después de

Buda tomamos amparo en el Dharma, la enseñanza espiritual. También aquí, Dharma significa tanto la enseñanza histórica de Buda Sakyamuni como el concepto propio de enseñanza. En cierto sentido, podemos decir que el Dharma es el resultado de la iluminación, porque Buda no reservó para sí lo que comprendió gracias a la iluminación, sino que quiso compartirlo con todo el género humano. Luego tomamos amparo en el Sangha, la comunidad de los discípulos de Buda… la comunidad compuesta tanto por monjes y monjas como por practicantes laicos, que permite que las enseñanzas se conserven y continúen con el paso del tiempo. Cuando tomamos amparo en la Triple Joya de Buda, del Dharma y del Sangha, nos purificamos de la negligencia de las acciones pasadas, realizadas en esta u otras vidas, aumentando con fuerza la aspiración al cambio interior y a la consecución de la iluminación.

–*¿Cómo podemos tomar amparo?*
–Tomamos amparo durante un ceremonial en el que un maestro acoge al discípulo en la comunidad de los devotos mediante algunos rituales y, tras haberle cortado simbólicamente un mechón de cabello, le asigna un nuevo nombre. Estos actos marcan, incluso exteriormente, el cambio ocurrido en la persona que ha decidido tomar amparo en la Triple Joya.

–*Este ceremonial introduce un tema de radical importancia: la necesidad de un guía espiritual, un maestro o, por utilizar el término tibetano, un lama.*

–Ciertamente. La guía de un maestro calificado, de un lama, es absolutamente necesaria para proceder junto al camino espiritual. Es del todo indispensable recibir las enseñanzas, y sus necesarias instrucciones, por parte de un lama cualificado. Por una persona que sea el último eslabón de una cadena ininterrumpida de maestros espirituales y que posea experiencia directa en lo que debe enseñar. La historia del *Buddhadharma* en la India y en el Tíbet es rica en ejemplos de maestros que obtuvieron la iluminación. La importancia de tener a un maestro calificado es un aspecto que debe ser muy bien comprendido. Se pueden lograr buenos resultados en nuestro camino espiritual sólo si estudiamos y practicamos bajo la guía de un lama que haya alcanzado una auténtica experiencia de lo que debe enseñar y transmitir a sus discípulos. Antes de aceptar a un maestro como lama es necesario examinarlo atentamente para ver si está realmente cualificado, si tiene los requisitos necesarios para guiar y enseñar.

–No me parece una elección fácil…
–No, no es cosa sencilla. En un texto se sostiene que pueden ser necesarios incluso más de diez años para examinar a un maestro antes de elegirlo como *gurú* propio. Sin embargo, es absolutamente necesario conocer bien a la persona que será nuestro lama, porque más tarde aquel lama será nuestra fuente de inspiración para la práctica del budismo y el modelo en el que deberemos inspirarnos. Una vez elegida una persona como nuestro *gurú*, tenemos que manifestarle una profunda devoción y confianza. Deberemos seguir sus consejos e instrucciones…

–¿También cuando no nos parezcan justos?

–Si nos encomendamos a una persona… si elegimos a esta persona como nuestro guía, tenemos que aceptar todo lo que nos sugiera. Por eso hemos dicho que es importante elegir bien. Por lo tanto, será importante seguir sus consejos y poner en práctica todo lo que nos indique.

–Obviamente, Dalai, usted no está hablando de una obediencia ciega…

–Por supuesto. El propio Buda Sakyamuni puso en guardia a sus primeros discípulos sobre el riesgo de la obediencia ciega… de hecho, les aconsejó aceptar sus enseñanzas sólo después de haberlo considerado atentamente… después de haberlo evaluado con la misma atención con que el orfebre adquiere el oro que le ofrecen: no lo compra basándose únicamente en la palabra del vendedor, sino sólo tras haberlo evaluado atentamente. Así que, para responder a su pregunta, si un lama pide a sus discípulos que pongan en práctica acciones que ellos consideran negativas, o incluso contrarias al Dharma, ellos tienen todo el derecho de no acceder a su voluntad. Obviamente, un auténtico maestro espiritual jamás pedirá a sus discípulos que lleven a cabo semejantes acciones; el caso del que estamos hablando es, por lo tanto, teórico.

–¿Cuáles son las principales características que debería poseer un lama cualificado?

–Un aspecto importante es que él siga realmente las enseñanzas que transmite en el sentido de que no se atenga a tener un mero conocimiento teórico de la doctrina budista… que no sea solamente un intelectual con muchas nociones pero poquísimas realizaciones. Al contrario, un lama cualificado tiene que poner en práctica las enseñanzas recibidas… tiene que transmitir la inspiración de las enseñanzas, no sólo a través de las palabras, sino también con su conducta, con su mismo modo de ser. Yo he conocido muchos lamas de este tipo, verdaderos maestros budistas. Las acciones concretas de un maestro son importantes… su sincera compasión, su auténtica gentileza… Yo creo que un lama cualificado puede enseñar tanto con su forma de ser como con la transmisión formal de los textos sagrados. Por supuesto, también su conocimiento, su preparación, su erudición y su experiencia son muy importantes, pero todas estas cualidades tienen que ser comprobadas con la práctica, con su conducta cotidiana. No estoy diciendo, atención, que los maestros deban someterse a exámenes agobiantes… ¡no debemos llevar a un lama a un tribunal antes de elegirlo! (se ríe). Lo que debemos hacer es desarrollar nuestra intuición… nuestro sexto sentido, antes de efectuar una elección. Además, tenga presente que un lama puede ser a menudo un excelente maestro… realizado, compasivo, erudito… y, en cambio, no ser idóneo para nosotros porque, a lo mejor, necesitamos una aproximación a la doctrina distinta a la suya, porque nuestras predisposiciones nos llevan hacia un estilo diferente al suyo… hacia otro linaje (es decir, otra escuela o corriente espiritual). Por lo tanto, la elección de un *gurú* es algo importante. Es mejor esperar… dejar pasar un poco más de tiempo, pero hacer la elección justa. Si la elección es realmente apropiada, el encuentro con nuestro lama será una de las experiencias más importantes de nuestra vida entera. Un auténtico maestro tiene capacidad para transmitir a sus discípulos el corazón de la doctrina; para encender sus mejores predisposiciones; para ponerles en condición de proceder a través del sendero y llegar preparados al gran momento de la liberación definitiva. Semejante maestro deberá ser respetado como el mismísimo Buda Sakyamuni... deberá ser considerado como la manifestación de todos los Buda... Un lama de este tipo será fuente de una inspiración profunda y duradera que podrá cambiar realmente vuestra forma de ser.

–¿Es cierto aquello que algunos afirman... que se podría entrar en contacto con el propio maestro también a través de sueños particulares? Se dice incluso que, en algunos casos, la transmisión de las enseñanzas de maestro a discípulo habría ocurrido precisamente a través del sueño...

–Generalmente los sueños... los sueños normales no contienen ninguna verdad particular. Sin embargo, en algunos casos, parece que a través de ellos se pueden comprender algunos aspectos interiores que no pueden ser comprendidos exclusivamente mediante la razón. Pero repito, se trata de sueños particulares... probablemente de sueños recurrentes, que se repiten con cierta continuidad. Habitualmente, estos sueños no aparecen inmediatamente después de haberte dormido, sino más bien durante las primeras horas del amanecer. Si se desea comprender realmente este tipo de sueños, entender su lenguaje, su significado, explorar su nivel más profundo, se puede recurrir a la ayuda de técnicas específicas de yoga.

—*Entonces, si este tipo de sueños recurrentes está relacionado con un maestro en particular, ¿podría significar que el soñador tiene una peculiar conexión con él?*

—Por lo general podría ser así… Mire, cuando soñamos, nuestra consciencia alcanza un nivel más sutil que el normal estado de vigilia. Esta condición nos permite captar algunos aspectos que en el ámbito de la conciencia racional pueden pasar inadvertidos. Por lo tanto, a través de sueños particulares sería posible, incluso, entender si, como usted ha dicho, tenemos conexiones peculiares… que quizá son debidas a encuentros ocurridos en vidas anteriores.

Dharma, compasión y meditación

–*Antes de continuar, ¿podemos volver sobre el significado del concepto de Dharma en el budismo?*

–Ciertamente... Mire, para comprender el budismo es indispensable entender que, según Buda, el deber de los seres humanos es liberarse de la ignorancia y hallar el sendero que conduce hacia esta liberación... cada ser vivo desea la felicidad y rehuye el sufrimiento. El deseo de felicidad es realmente común a todas las personas, tanto al erudito como al ignorante, al asiático como al europeo, tanto al hombre como a la mujer.

En cambio los seres vivos, como hemos visto hablando de las Cuatro Nobles Verdades, viven en el sufrimiento, principalmente a causa de las emociones negativas. De modo que, si queremos mejorar nuestra calidad de vida, debemos descubrir las causas del dolor y, después de haberlas comprendido, intentar superarlas. El Dharma es el sendero que permite esta superación.

Como bien entenderá, el concepto de Dharma es esencial en el budismo... si no seguimos el Dharma no lograremos liberarnos del sufrimiento. Llevando una existencia acorde con el Dharma, conseguiremos aumentar la calidad de nuestra vida presente, así como la de las futuras...

—*Dalai, ¿la palabra Dharma se refiere sólo al budismo o también a la vida espiritual en general?*

—Budismo es una palabra inventada por los occidentales… nosotros decimos *Buddhadharma* para indicar el «sendero de Buda». Consideramos que existen varios Dharma y que todos, si los practicamos correctamente, conducen a la liberación del dolor. Yo, obviamente, puedo hablar del *Buddhadharma* en cuanto monje budista. Pero creo que podremos profundizar estos aspectos cuando hablemos de las relaciones entre el budismo y las otras religiones. Volviendo, en cambio, al *Buddhadharma*, podemos decir que su corazón, su quintaesencia, es la de juzgar que el ser humano es capaz de comprender las causas de su propio sufrimiento y de poder superarlo mediante las técnicas adecuadas.

—*Entonces se pone el acento sobre la responsabilidad personal del individuo… en otros términos, podemos afirmar que el ser humano es el único responsable de su propia liberación… que nadie logrará liberar a ningún otro.*

—Así es. Cada uno es responsable de su propia liberación, nadie logrará jamás liberar a otro. Incluso Buda y los grandes maestros sólo pueden enseñar el sendero, pueden ser fuente de inspiración y ayudar al practicante, pero será él quien deberá recorrer hasta el final el camino que conduce a la liberación. Utilizando palabras modernas, podemos decir que el mensaje del budismo es de liberación, un mensaje que pone el acento sobre la responsabilidad del individuo y que evidencia su enorme potencial de inteligencia y de comprensión.

–*Y pensar que hay algunas personas, especialmente en Occidente, que consideran el budismo como una filosofía pesimista…*

–Ésta es una opinión totalmente equivocada. Quizá el tema del sufrimiento y del dolor de la condición del ser humano ha generado confusión. Se debe entender, en cambio, que el budismo es una religión llena de confianza en el ser humano. Más aún, nosotros no sólo creemos que la liberación interior es posible, sino que, como he dicho antes, ésta representa la verdadera finalidad de los seres humanos. No hay absolutamente nada de pesimista en el concepto espiritual del budismo. Asimismo, no podríamos definirlo como optimista. El budismo trata de analizar la condición humana tal como es, porque sólo a través de un análisis real de tal condición, ésta logrará ser comprendida y, por lo tanto, modificada.

–*Pues es una tradición espiritual extremadamente concreta. Basada mucho más en la experiencia real que en dogmas abstractos o en ideologías religiosas.*

–La experiencia concreta, real y efectiva es, ciertamente, el fundamento de la concepción budista. Nosotros debemos ser capaces de enfrentarnos y comprendernos tanto a nosotros mismos como al mundo que nos rodea, sin filtros ni proyecciones creados por nuestros deseos o por nuestros miedos.

Ésta es nuestra base, el fundamento para la liberación de la ignorancia, de los prejuicios, de las falsas nociones. El budismo es, sin duda alguna, sumamente concreto, vinculado al conocimiento efectivo de las cosas.

–Otro aspecto del budismo que ha sido a menudo mal comprendido en Occidente, es el relativo al karma o, mejor dicho, a la «ley del karma».

–Partiendo de un determinado punto de vista es muy sencillo explicar la ley del karma, de tal manera que no pueda haber malentendidos: placer y sufrimiento son fruto de nuestras acciones precedentes y, por lo tanto, si actuamos de forma correcta las cosas saldrán bien; si, en cambio somos responsables de comportamientos incorrectos las cosas irán mal. Ésta es una explicación muy elemental, que es, en general, la aceptada por la mayoría de la gente sencilla de todos los países budistas. Mirando las cosas de manera más profunda, podemos ver inmediatamente que la ley del karma debe ser entendida casi de la misma forma como la física habla de acciones y de reacciones. En el ámbito científico no es siquiera admisible una reacción que no sea ocasionada por alguna causa y, generalmente, ésta será proporcional a la acción que la ha generado. Por lo tanto, conociendo y analizando las causas, podemos prever aproximadamente cuáles y de qué intensidad serán las reacciones y, por consiguiente, seremos capaces también de prepararnos para intervenir e intentar modificar los resultados. La ley del karma actúa de forma similar y el Dharma permite al practicante mitigar y anular los efectos negativos de las existencias anteriores. Mire, volviendo al paralelismo con la ciencia, nosotros vemos frecuentemente a científicos que se esfuerzan tratando de minimizar los daños que científicos anteriores han provocado, por ejemplo, cierta clase de contaminación. Es indudable que el progreso científico, además de varios cambios materiales positivos, ha causado también un preocupante aumento de la contaminación de este planeta. Según algunos estudiosos, la vida de nuestro mundo se encuentra incluso en peligro. Hace algunos años pude participar en una conferencia sobre el estado del medio ambiente (la conferencia de Río de 1992) y entrar en contacto con muchos ecólogos, escuchando sus informes. Algunos eran simplemente aterradores por el cuadro que presentaban sobre el estado del medio ambiente en varios lugares de nuestro planeta. Así que, podríamos decir, según un análisis superficial, que la ciencia y los científicos son los responsables de la contaminación. Pero luego vemos que, para paliar estos daños ambientales, tenemos que recurrir a diferentes científicos y a otros aspectos de la ciencia. Entonces, por un lado, el desarrollo científico es responsable de una clase de contaminación y, por el otro, para salir de esta situación, recurrimos siempre a los descubrimientos de la ciencia. Para simplificar: algunas industrias contaminan y otras fábricas producen materiales para combatir la contaminación de las industrias contaminantes.

–*¿Y el karma funciona más o menos de la misma manera?*
–Más o menos. A través de nuestras acciones pasadas provocamos ciertos efectos… a través de las presentes modificamos los resultados de las acciones pasadas y creamos las premisas de las acciones futuras. Pero el sujeto es siempre el mismo: nuestras acciones. Y, de hecho, la palabra karma significa precisamente «acción». Según el budismo, estas acciones se dividen en físicas, verbales y mentales, y, desde el punto de vista de sus consecuencias, las subdividimos en

virtuosas, no virtuosas y neutras. Por lo tanto, el karma está originado por un agente, un ser vivo. Entonces, lo estamos creando continuamente... un cierto género de karma, a través de nuestras acciones. Sin embargo, un aspecto importante que debemos comprender es que, más allá de la acción, es sumamente relevante la motivación con la que efectuamos una acción.

–*¿En qué sentido?*
–En el sentido de que es fundamentalmente la motivación que está detrás de las acciones la que establece si éstas tendrán repercusiones positivas o negativas.

–*Dalai, ¿está usted diciendo que, según las diversas motivaciones, una misma acción podrá ser considerada positiva o negativa?*
–Exactamente. Pongo un ejemplo. Ahora nosotros estamos hablando... usted ha venido desde lejos para conocer mi opinión acerca de varios temas. La entrevista que me está haciendo probablemente la leerán muchas personas y, por lo tanto, yo aumentaré mi notoriedad. Entonces, yo estoy hablando con usted y puedo hacerlo partiendo de dos actitudes mentales diferentes. Si mis palabras se inspiran en el deseo de entrar en contacto con los demás, de hacer conocer al mundo la tradición budista... si mis palabras se inspiran en el amor hacia mis hermanos y hermanas que comparten conmigo esta existencia humana... si todo esto ocurre obtendré cierto tipo de resultado. Podríamos decir que la motivación en la que se basan estos argumentos es positiva, se fundamenta en el amor hacia los demás y, por

lo tanto, los frutos de esta acción serán positivos. Pero podría también ser distinto. Lo que le estoy diciendo podría tener otra motivación. Podría sentirme orgulloso hablando delante de un micrófono... o pensar en todos aquéllos que conocerán mis opiniones... o expresarme únicamente para satisfacer mi ego, mi egocentrismo. En este segundo caso, quizá alguien logrará igualmente beneficiarse de lo que le estoy diciendo, pero para mí, para mi mente, para mi karma, se tratará de una acción negativa que tendrá repercusiones negativas en mi futuro. Una mala motivación dejará, de todos modos, huellas negativas en mi mente, que vencerán los efectos positivos que la misma acción podrá producir en mi auditorio. Por eso es tan importante la motivación. Y viceversa, si yo efectúo una acción aparentemente negativa, pero mi motivación es pura, completamente inspirada en el amor hacia los demás, los frutos de mis acciones serán positivos.

–*¿Puede darnos un ejemplo de este último caso?*
–Supongamos que un hombre está caminando por la calle y ve a un grupo de personas que se sirven de la violencia contra alguien que no puede defenderse ni huir... un anciano, una mujer, un niño. Bien, en ese caso, si este hombre tuviese que intervenir físicamente para salvar a un ser indefenso y su motivación fuese completamente pura, aun efectuando una acción violenta, las consecuencias kármicas para él serían positivas. Obviamente, mantener una motivación pura con acciones negativas es muy difícil y, para lograrlo, hay que poseer un autocontrol realmente especial. Se trata de un ejemplo límite, pero creo que sirve para explicar lo importante que es com-

prender qué motivación debe ser efectivamente el fundamento de nuestro comportamiento. Volviendo a la ley del karma, deberíamos examinar todos los aspectos de su labor, las diversas clases de reino donde podemos renacer, los diferentes géneros de seres vivos que transmigran hacia la existencia cíclica... pero éstas son cosas muy complejas, para las que sería mejor remitir al lector a los numerosos libros que las exponen en detalle.

–*Entonces, continuemos en el ámbito de la vida cotidiana...*

–Mire, como en parte ya hemos dicho, Buda enseñó que cada uno es el maestro de sí mismo. A fin de cuentas, todo depende de cómo actuamos nosotros... de cómo nos hemos comportado en las existencias pasadas y de cómo estamos actuando en la vida presente. Y se trata de una enseñanza muy útil también desde un punto, diríamos... social. Porque si hemos comprendido realmente la ley del karma, quiere decir que naturalmente intentaremos abstenernos de las acciones negativas... quizá no seremos capaces de efectuar acciones positivas, pero, por lo menos, nos limitaremos a las neutrales. Yo digo siempre: si de ninguna manera somos capaces de ejercer la bondad, por lo menos abstengámonos de ejercer la maldad. ¡Una actitud de este tipo practicada en gran escala permitiría a los estados ahorrarse los gastos en los organismos policiales! (se ríe). Pero, bromas aparte, éste es un aspecto que hay que tener en gran consideración, porque la única forma de control que puede funcionar en una sociedad es aquélla que se basa en la autodisciplina, el autocontrol y el sentido de la responsabilidad hacia nosotros mismos y hacia los demás. Ningu-

na imposición externa, ni siquiera la más cruel y feroz, conseguirá garantizar a una sociedad la estabilidad que deriva de comportamientos regulados por una consciente autodisciplina que se base en el conocimiento y la compasión.

–*Compasión… ésta es otra palabra clave del budismo.*

–Sí, especialmente en la tradición *Mahayana*… pero antes de hablar de esto, quizá debería explicar cómo el budismo se subdivide en una serie de escuelas y corrientes. Intentaré hacerlo de manera sencilla y comprensible. La idea base de las enseñanzas de Buda es que todos los fenómenos son perecederos, vacíos y faltos de esencia. Éste es un terreno común a todas las corrientes y escuelas budistas. Pero cuando se trata de profundizar sobre el tema acerca de la falta de esencia y sobre la vacuidad hay algunas diferencias que han llevado a la constitución de cuatro escuelas que, aun dentro de un pensamiento común general, expresan puntos de vista ligeramente diferentes sobre determinadas cuestiones particulares. Estas cuatro escuelas son las siguientes: *Vaibhasika, Sautrantika, Cittamatra* y *Madhyamika.* Esta última, en sus dos subdivisiones *Svatantrika* y *Prasangika*, es aquélla a la que se refiere principalmente el budismo difundido en el Tíbet. Además de esta división en cuatro escuelas, el budismo se subdivide también en tres grandes *Yana* (vehículos).

–*Hinayana, Mahayana y Tantrayana…*

–Exactamente… Buda Sakyamuni, a lo largo de su existencia, dio enseñanzas bastante diferentes entre ellas según las personas a las que se dirigía. Trataba de comprender cuál era el nivel y el desarrollo mental de su auditorio y, sobre la base de éstos, enseñaba. Obviamente, el corazón de la enseñanza era idéntico, pero las formas eran distintas. Aproximadamente, hallamos estos diferentes niveles en las tres grandes divisiones: pequeño vehículo (*Hinayana*), gran vehículo (*Mahayana*) y vehículo del tantra (*Tantrayana* o *Vajrayana*). El pequeño vehículo concentra su atención en la meditación sobre un único punto, sobre la disciplina interior y sobre la búsqueda de la liberación individual. Su ideal es el *arahat*, el sabio que se retira para meditar en algún lugar aislado y alcanza así su propia iluminación. El gran vehículo, en cambio, no sólo considera sumamente importante nuestra propia liberación, sino la liberación de todos los seres vivos… la motivación, fundamento de la práctica del partidario del *Mahayana*, es totalmente altruista. No se pide la inspiración únicamente para la propia liberación, sino para la de todos los seres. El ideal del gran vehículo es el *bodhisattva*, el ser que renuncia a su iluminación definitiva y se queda en el mundo para ayudar, con la fuerza de su sabiduría y de su ejemplo, a todos los seres… para enseñarles el sendero que conduce a la liberación. Se considera que los practicantes de ambos vehículos deben pasar a través de un cierto número de reencarnaciones antes de obtener la iluminación, mientras que mediante la práctica del tantra nos podemos liberar en el transcurso de una sola existencia.

–*¿Por qué?*
–Porque este último vehículo utiliza técnicas meditativas muy directas y potentes y, de hecho, el practicante del tantra necesita prepa-

rarse de una manera especial para dominar plenamente las grandes energías psíquicas que evoca. Pero intentemos poner orden en este panorama porque puede parecer demasiado confuso. Todas las escuelas y todos los caminos budistas aceptan cuatro principios que son conocidos generalmente con el nombre de Cuatro Sellos.

–¿Nos los puede enumerar, Dalai?

–Todos los fenómenos son perecederos; cada cosa y suceso contaminado no conduce a la satisfacción; todos los fenómenos son vacíos y faltos de esencia; sólo la consecución del *nirvana*, la iluminación, lleva a la paz auténtica. Como decía, estos cuatro principios son aceptados por todos los budistas y son usados normalmente como criterios para definir si una escuela de pensamiento o una corriente filosófica son budistas o no. Pero más allá de este terreno común, Buda dio varios tipos de enseñanzas y, tradicionalmente, se habla de los Tres Giros de la Rueda de la Doctrina. El primero es el ocurrido en el bosque de Sarnath, una localidad contigua a la actual Benarés. Aquí Buda Sakyamuni, tras haber logrado la iluminación y haber permanecido en silencio durante 49 días, expuso las Cuatro Nobles Verdades a un grupo de cinco anacoretas, que habían sido sus compañeros cuando aún buscaba su camino espiritual. Este Primer Giro de la Rueda de la Doctrina, como hemos mencionado hablando de las Cuatro Nobles Verdades, está vinculado particularmente a la revelación del sufrimiento, a los métodos para superarlo y a las características de disciplina y moralidad que debe poseer el practicante budista. Los sutra, es decir, las compilaciones de los discursos de Buda

Sakyamuni relacionados con este nivel de enseñanza, presentan un cuadro general del *Buddhadharma* que estriba particularmente en los 37 aspectos de la vía que conduce a la iluminación. Se trata de una serie de normas para la práctica budista divididas en siete categorías, de las cuales la más conocida es la última, el Óctuplo Noble Sendero, que describe muy bien el corazón de la conducta del practicante... Recta visión, recto pensamiento, recta palabra, recta acción, recta existencia, recto esfuerzo, recta concienciación y recta concentración.

–*¿Este último punto se refiere a la meditación?*

–Sí, se refiere a la práctica meditativa que, como ciertamente usted sabrá, es fundamental en la experiencia budista. Normalmente, cuando hablamos de meditación, nos referimos a dos aspectos distintos de esta práctica... la meditación sobre un único punto o meditación de la concentración, y la meditación analítica. La primera está relacionada con la calma mental, la relajación interior y todos los estados mentales de este tipo. La segunda, en cambio, como dice su propio nombre, concierne al profundo análisis psicológico y filosófico de un determinado sujeto con el fin de comprender plenamente su íntima esencia y su íntimo funcionamiento. Por lo que se refiere a la subdivisión en tres vehículos, podemos decir que el *Hinayana* está particularmente vinculado al Primer Giro de la Rueda de la Doctrina y a la exposición de las Cuatro Nobles Verdades. El *Mahayana,* en cambio, está vinculado al Segundo Giro de la Rueda de la Doctrina, que Buda enseñó en un lugar conocido como el Pico de los Buitres, una colina que se encuentra cerca de la localidad de Rajghir, en el actual estado indio de Bihar. Aquí Buda analizó con particular profundidad el tema de la falta de naturaleza propia de los fenómenos... el tema de la vacuidad, probablemente uno de los aspectos de las enseñanzas budistas más difíciles de comprender. Podríamos decir que este discurso de Buda extiende enormemente el horizonte del conocimiento budista... lo amplía y profundiza. Los sutra relacionados con este ciclo de enseñanzas analizan con gran precisión temas como la ignorancia, el apego, la extinción del sufrimiento y los caminos que conducen a esta extinción. Destaca, en primer plano, la extrema importancia de la compasión hacia todas las formas de vida existentes... el altruismo en el sentido más noble de la palabra... La vacuidad analizada con una profundidad y una sutileza realmente excepcionales.

—¿Sería correcto afirmar que con las enseñanzas del Pico de los Buitres el budismo efectúa una especie de paso adelante, de «avance», por decirlo así?

—Si por paso adelante entiende usted la capacidad de progresar a lo largo del sendero... En otras palabras, con la primera enunciación de las Cuatro Nobles Verdades, Buda explicó en términos generales las características distintivas de su camino espiritual, de su Dharma... Es una enseñanza ciertamente profunda pero también, en cierto sentido, bastante comprensible por todos. Con el segundo giro de la rueda de la doctrina, Buda efectúa el que usted ha definido como un paso adelante... el horizonte se alarga... Por ejemplo, desde el ideal del *arahat* se pasa, diríamos, al del *bodhisattva*... El punto de llegada no es únicamente la propia iluminación, la liberación individual, sino la de todos los seres vivos… y el concepto de vacuidad se indaga y se explica con toda su enorme profundidad… así como desarrolla el conocimiento del principio de los nexos casuales. Podemos hablar ciertamente de un avance, pero sólo en el sentido que, después de haber puesto los cimientos de la práctica espiritual… después de haber consolidado, mediante el Óctuplo Noble Sendero, las motivaciones y sus realizaciones, el practicante amplía su horizonte… amplía su práctica. Por eso el vehículo relacionado con el Segundo Giro de la Rueda de la Doctrina se llama *Mahayana*, que significa gran vehículo.

–*Pero el practicante, para poder enfrentarse, cómo decirlo, a los espacios y las profundidades del* Mahayana, *¿tiene antes que formarse a través de las prácticas del* Hinayana?

–Totalmente… No nos podemos sumergir en la «vastedad» del gran vehículo sin antes haber practicado todas las enseñanzas del *Hinayana*… esto debe quedar muy claro.

–*Y después, el Tercer Giro de la Rueda de la Doctrina…*

–Sí, y Buda examinó en esta enseñanza muchos temas diferentes, de los cuales el más importante es el relativo a nuestra naturaleza Buda… el potencial, que está dentro de cada uno de nosotros, de ser un Buda, un iluminado. Hay, además, varias enseñanzas relativas a elevadas técnicas meditativas… meditaciones que desarrollan la sabiduría capaz de comprender la esencia de la vacuidad. Precisamente respecto a la vacuidad, el Tercer Giro de la Rueda de la Doctrina es muy importante… De hecho, muchos practicantes tuvieron problemas y

dificultades a la hora de comprender una explicación de la vacuidad tan radical como la contenida en el Segundo Giro de la Rueda de la Doctrina. Algunos podrían haber caído en las confusiones del nihilismo... Afirmar que los fenómenos carecen de naturaleza propia equivaldría, para algunos, a negar la realidad de los fenómenos mismos. El concepto de vacuidad, *shunyata*, tal como lo hallamos explicado en el *Sutra de la sabiduría*, es realmente de una profundidad extrema. Por lo tanto, no todas las mentes lograban entenderlo... así que Buda quiso ofrecer también a este tipo de psicología un sendero comprensible. Entonces hemos visto cómo *Hinayana* y *Mahayana* se basan esencialmente en las compilaciones de los discursos de Buda llamados sutra. El vehículo llamado *Tantrayana*, o también *Vajrayana*, se basa en cambio en los tantra. Estos textos reúnen las enseñanzas que Buda Sakyamuni transmitió tanto en su forma, por decirlo así, humana e histórica, como en la forma de la divinidad a la que esa particular compilación de tantra está dedicada.

–*Se dice que la enseñanza de los tantra representa el aspecto esotérico, secreto, del budismo...*

–La palabra tantra significa literalmente «continuidad» y, en sentido un poco más amplio, también «linaje». ¿Por qué continuidad? Porque se refiere con particular atención a la continuidad de la mente... de la consciencia. Los tantra son textos que exploran muchos aspectos del conocimiento y, en sus formas más elevadas, ciertamente explican también los aspectos esotéricos del budismo. Pero no se trata de textos de magia negra, ¡como he oído afirmar a alguien! (se ríe).

Creo que se puede decir que el Segundo y el Tercer Giro de la Rueda de la Doctrina, gracias a su profundidad, constituyen una suerte de puente entre el *Mahayana* y el *Vajrayana*.

—Los tantra se subdividen en varias clases. ¿Puede hablarnos al respecto?

–Sí. Dentro del sistema tántrico existen cuatro clases: *Kriya tantra*, tantra de la acción; *Carya tantra*, tantra de la ejecución; *Yoga tantra*, tantra del yoga; *Anuttarayoga tantra*, tantra del yoga supremo. Cada una de las clases de tantra tiene funciones, rituales y meditaciones específicas. Pero la efectiva profundidad y potencia del tantra surge plenamente sólo en las prácticas, en las meditaciones y en las enseñanzas de la última clase, el tantra del yoga supremo. Las clases anteriores son como estadios preparatorios a los conocimientos y revelaciones del estadio final. Efectivamente, el nivel del *Anuttarayoga tantra* es realmente elevado... pero no es precisamente éste el lugar para adentrarnos en estas clasificaciones.

—Dalai, usted ha mencionado la meditación budista, ¿podría hablarnos de ello más ampliamente?

–Es una inmensa materia de estudio... hay muchísimas técnicas meditativas, cada cual apta para una determinada circunstancia. Deberíamos explorarlas durante días... y no creo que esto sea posible. He mencionado antes la división general en dos tipos de meditación. Quizá ahora podríamos hablar de la correcta posición en la que se debería meditar y que es común a todas las clases de meditación.

Empezamos con la posición de la espalda. Ésta tendría que mantenerse lo más derecha posible, aunque jamás deberíamos ponernos rígidos. Generalmente nos sentamos sobre una almohada, con las piernas cruzadas en la clásica posición llamada *del vajra*. Si mantener las piernas completamente cruzadas una sobre la otra nos resulta demasiado difícil y doloroso, entonces podemos cruzarlas sólo a medias, hasta conseguir una posición más confortable. Las manos unidas... con el dorso de la derecha apoyado sobre la palma de la izquierda; los dos pulgares se tocan formando una especie de triángulo acomodado sobre el vientre del meditador. Esta postura particular de las manos tiene diferentes significados simbólicos, entre los cuales está el tántrico que representa el Reino de las Verdades (*Dharmadhatu*). Los brazos no tienen que tocar el cuerpo... la cabeza levemente inclinada hacia abajo y la lengua apretando ligeramente el paladar. Los labios y dientes deberían permanecer en sus posiciones naturales y los ojos, apenas entornados, mirando hacia delante siguiendo la línea de la nariz... Esto resulta mucho más fácil si se posee una nariz bastante larga, ¡pero puede ser un problema si la nariz es muy pequeña y corta! (se ríe). Los meditadores occidentales suelen tener la tendencia a mantener los ojos cerrados. Pero es un error, no se deberían cerrar los ojos durante la meditación. Si estás acostumbrado a meditar con los ojos entornados, ninguna imagen logrará distraerte durante las visualizaciones y podrás mantener fácilmente la imagen mental sobre la que estás meditando, en cualquier situación. Al contrario, si te acostumbras a meditar con los ojos cerrados, cuando tengas que abrirlos perderás inmediatamente la imagen mental de tu visualización. Durante la meditación, la respiración debe fluir de la manera más natural… no debes respirar ni demasiado despacio ni demasiado rápido. Cuando estés a punto de perder la natural calma meditativa, sea cual sea el motivo, es muy útil volver a concentrarse en la respiración… esto te ayudará a recobrar la calma. Un método muy eficaz es precisamente concentrarse en el flujo de la respiración… una inspiración y una expiración… Concéntrate en este flujo y verás que volverás enseguida a un estadio de calma interior. Éstas son sugerencias que se acomodan, como base fundamental, a toda clase de meditación.

El Tíbet, la reencarnación
y la institución del Dalai Lama

—Entonces, Dalai, ¿puede hablarnos de la difusión del budismo en el Tíbet?

—Los primeros elementos de la doctrina budista empezaron a difundirse en el Tíbet en épocas remotas, durante el reinado del soberano Thao-Tho-ri, el décimoctavo monarca de la dinastía Yarlung, que gobernó a lo largo de muchos siglos. Según la tradición, se trataba de un sutra escrito en sánscrito y que resultó del todo incomprensible para mi pueblo. En aquella época, el Tíbet seguía una tradición religiosa llamada *Bon* que se practica aún hoy en día. Pero fue sólo en el siglo VII, con el rey Songtsen Ganpo, cuando el budismo comenzó efectivamente a difundirse en el Tíbet... e incluso entonces se limitaba a algunos ambientes de la corte y del monarca. Songtsen Ganpo estaba tan interesado en el budismo que le pidió a un grupo de estudiosos, dirigido por el gran erudito Thonmi Sanbhota, que encontrara en los países limítrofes una escritura que pudiese adaptarse a la fonética tibetana, para lograr transcribir los sutra budistas. De hecho, hasta aquella época el Tíbet no tenía una lengua escrita, sino sólo una lengua hablada. Después de mucho tiempo, Thonmi Sanbhota regresó al Tíbet llevando consigo una escritura inspirada en el *Devanagari*, de origen sánscrito. Con un sucesor de Songtsen

Ganpo, el rey Trisong Deutsen, el budismo echa raíces aún más firmes. Algunos importantes estudiosos y *yogi* trajeron de la India varias enseñanzas, sutra y tantra. Los más importantes entre estos maestros fueron sin duda Santarakshita, renombrado *pandit* de la Universidad budista de Nalanda, y Padmasambhava, un *yogi* dotado de un carisma tan fuerte que todavía hoy algunos tibetanos le llaman «el segundo Buda». Las primeras ordenaciones tibetanas fueron obra del monje Santarakshita, mientras que Padmasambhava inspiró la construcción de Samye, el primer monasterio budista del Tíbet. Otro monarca recordado por su fe budista fue Ralpa-chan, subido al trono en el 815. Desgraciadamente, una conjura cortesana organizada por su hermano, Langdarma, lo destrona tras unos pocos años de reinado. Éste era un fanático enemigo del budismo, al que persiguió despiadadamente, asesinando monjes y practicantes, destruyendo lugares de culto y proscribiendo las enseñanzas de Buda, que se lograron conservar sólo en la clandestinidad. Langdarma fue asesinado a su vez. Con él terminó también la dinastía Yarlung y el Tíbet perdió su unidad política, dividiéndose en una serie de pequeños reinos. A partir del siglo X, sin embargo, el budismo vuelve a difundirse en el Tíbet. Tras la muerte del monarca perseguidor terminan también las violencias contra monjes y practicantes, que pueden profesar de nuevo abiertamente su religión. En especial, nuevos maestros acuden de la India con su bagaje de enseñanzas y de tantra. Es un período realmente fecundo en intercambios espirituales entre el Tíbet y la India. Muchos tibetanos se trasladan a la India para estudiar en los centros y universidades budistas de este país; a su vez, muchos eruditos hin-

dúes llegan al Tíbet para difundir las enseñanzas de Buda. Si a aquélla realizada por Santarakshita y Padmasambhava se la conoce como la *primera difusión de la doctrina*, a este nuevo flujo de enseñanzas se le llama la *segunda difusión de la doctrina*. Entre los siglos X y XI el budismo se convierte en la doctrina religiosa tibetana más difundida, aunque, como ya he dicho, el Bon sigue siendo libremente practicado por una minoría de personas. Con el paso del tiempo se forman varias escuelas; las cuatro más importantes: la Nyingma-pa, la Kagyu-pa, la Sakya-pa y la Gelug-pa. Esta última se llamaba inicialmente Kadam-pa, pero después de la reforma del gran maestro Je Tzong Khapa fue denominada precisamente Gelug-pa. La Nyingma-pa, que significa la «antigua», hace referencia a los tantra y a las enseñanzas llegadas al Tíbet en tiempos de la primera difusión de la doctrina, mientras las otras siguen los tantra relativos a la segunda difusión.

–*¿Cuáles son las diferencias entre estas escuelas?*
–Se refieren, al fin y al cabo, a algunos aspectos marginales de la práctica y del estudio. Los no expertos no notan ninguna diferencia en el comportamiento y en el aprendizaje de los monjes de las diversas escuelas. De hecho, todos los monjes siguen las enseñanzas originales de Buda, en primer lugar el *vinaya*, el código de comportamiento. Se dice habitualmente que algunas escuelas, como por ejemplo la Nyingma-pa y la Kagyu-pa, tienen predilección por la práctica meditativa y el yoga, mientras que dedican menos tiempo al estudio filosófico. Viceversa, la Gelug-pa parecería atribuir un énfasis particular al análisis filosófico de los textos. Y, según estas explicaciones generales, la Sakya-pa se encon-

traría en medio de estos dos extremos. En realidad, aunque existe cierta verdad en esta generalización, podemos encontrar a eruditos de altísimo nivel y grandes *yogis* en todas las escuelas del budismo tibetano, sin excepciones. Cada una de ellas corresponde a determinadas inclinaciones del estudiante que, de esta manera, puede escoger la que siente más cercana a sus predisposiciones.

—¿Es posible estudiar con maestros de distintas escuelas o es preferible permanecer únicamente dentro de las enseñanzas de una sola tradición?

—No hay normas precisas… no existe un dogma al respecto. Depende de la actitud del estudiante, de cómo se siente más a gusto. Se pueden recibir enseñanzas de lamas de diferentes tradiciones y practicar *sadhana* distintos, o se pueden estudiar sólo textos de un mismo linaje, o incluso recibir las instrucciones de un único maestro espiritual. Todas estas actitudes valen en teoría. Lo importante es que, en la práctica, el estudiante mantenga una actitud abierta y no sectaria, aunque siga las enseñanzas de una peculiar tradición; más bien, al contrario, ha de ser extremadamente riguroso, atento y preciso cuando recibe enseñanzas espirituales de diferentes escuelas. Repito, depende de la propia aptitud. Por lo que a mí se refiere, he recibido también varias enseñanzas de otras tradiciones, además de las principales prácticas y transmisiones de la escuela Gelug-pa… y personalmente estoy muy feliz de ello; creo que este género de estudios corresponde a mi manera de ser… ¡de hecho, soy muy curioso! (se ríe). Pero está muy bien también la otra actitud. Conozco a importantes practicantes que recibieron las enseñanzas dentro de un único linaje, y son personas maravillosas, de mentalidad abierta y tolerantes. También, en este caso, lo que importa es entender qué es lo que está bien para ti... y una vez comprendido esto, intentar ponerlo en práctica de la mejor manera posible.

—*El budismo ha entrado en la vida, la cultura y la espiritualidad tibetana con una profundidad y una fuerza desconocidas en otras partes...*

—Parece que sí. Mire, antes de la invasión china de 1950, varios viajeros estuvieron en el Tíbet y casi todos describieron algunas características del pueblo tibetano... en especial la calma, la gentileza y la serenidad de las mujeres y hombres del Tíbet. Yo considero que el principal elemento de esta extensa felicidad que semejante cantidad de extranjeros leyó en los rostros de los tibetanos fue el budismo... la práctica del *Buddhadharma* y su influencia benéfica. El budismo, dando énfasis al altruismo, la compasión, el amor... la confianza en la ley del karma... el ambiente tan rico de enseñanzas espirituales... todas estas cosas produjeron efectos profundos en el pueblo tibetano, en su cultura, en su psicología, en su antropología... Por cierto, no se trata de que todos los tibetanos fueran eruditos budistas o lamas... ¡no eran eruditos ni siquiera la mayoría de los monjes! Pero existía este vasto sentimiento de fidelidad al espíritu de la enseñanza budista... al conjunto de sus preceptos morales, de sus normas de comportamiento ético. Y era una fidelidad real, en absoluto ficticia y aún menos impuesta por el clero. El viejo Tíbet era ciertamente una sociedad arcaica, que necesitaba algunas modernizaciones... pero su gente, por lo general, era feliz... serena. No era un pueblo de santos, repito, pero creo que la gente estaba contenta de vivir en una sociedad de ese tipo. Y creo que esto puede ser, por decirlo de alguna manera, demostrado...

–¿De qué forma, Dalai?

–Además de lo que muchos estudiosos, diplomáticos y viajeros han escrito sobre el Tíbet tradicional, creo que la atmósfera de esa sociedad budista y espiritual se puede entender mirando los rostros, en particular los ojos, de mujeres y hombres fotografiados a lo largo de tantos decenios. Son rostros, son ojos que sonríen... que expresan claramente una serenidad esencial... una serenidad que permanecía como tal, incluso ante una vida económicamente muy difícil para gran parte de la población... incluso ante graves dificultades logísticas... Sin embargo, si usted mira atentamente esos rostros, esas miradas, esas sonrisas, podrá hallar algo placentero, sereno... el alma de una civilización en la que el budismo, las enseñanzas de Buda Sakyamuni, y de un ininterrumpido linaje de maestros espirituales, habían producido buenos frutos.

–No creo que sea posible negar la verdad de sus afirmaciones. Volviendo a la difusión del budismo en el Tíbet, un aspecto muy característico es la peculiar aplicación de la teoría de la reencarnación y, en particular, el linaje de los tulku *que, si no me equivoco, pertenece sólo a la civilización budista tibetana-himalayana...*

–Por lo que se refiere a la teoría de la reencarnación, no me parece que el Tíbet tenga alguna particularidad respecto a otros países budistas. Hay una extensa concienciación de que existe una especie de *continuum* mental que no decae y muere con el final de la vida, con la muerte del cuerpo físico. Éste no es un punto de vista peculiar de la civilización tibetana, más bien es común a todas las formas de budismo. Lo mismo se puede decir de la ley del karma… la idea de que hoy somos lo que nuestras acciones de ayer nos han conducido a ser… así como mañana seremos lo que las acciones de hoy están determinando. También en este caso estamos plenamente dentro de la tradicional forma de pensar y ser del mundo budista. Lo realmente característico de nuestra civilización es la tradición de los *tulku*, de la que el mismo Dalai Lama forma parte. Esta tradición está efectivamente presente sólo en el mundo tibetano.

–¿Puede hablarnos más de ello?
–Desde un punto de vista muy general, podemos decir que un *tulku* es un maestro que, gracias a la claridad interior y al poder espiritual alcanzados mediante la práctica religiosa, logra tener un cierto control de sus reencarnaciones y elige volver a la tierra para poder ayudar, con su bagaje de conocimientos, a los seres vivos. En síntesis, eso es un *tulku*… Obviamente, esta serie de sucesivas reencarnaciones crea un linaje espiritual que se inicia con un determinado maestro y continúa con sus reencarnaciones posteriores. En la tradición de los *tulku* está muy presente el sentimiento de linaje, de herencia espiritual que sigue enriqueciéndose renacimiento tras

renacimiento… a través de decenios y siglos. Generalmente, el pequeño *tulku* posee recuerdos de su existencia pasada… y consigue, por ejemplo, reconocer objetos que pertenecieron a su predecesor… o reconoce, incluso, a personas que le fueron cercanas en su anterior existencia. Por ejemplo, parece que yo había reconocido con gran precisión algunos objetos que habían pertenecido al decimotercer Dalai Lama, y también a unos monjes de Lhasa que vinieron hasta la apartada aldea de Takster, en el Tíbet oriental, donde nací. A decir verdad, dicen que recordaba muchas cosas de mi anterior encarnación, cuando era pequeño…

—Con todo el respeto, Dalai, ¿por qué utiliza el pasado? ¿Ahora esos recuerdos se han desvanecido?

—Sí, se han desvanecido… parece ser algo bastante normal. Hoy sigo teniendo determinadas sensaciones… A veces tengo sueños que me provocan impresiones muy peculiares, pero honestamente no puedo decir que tenga recuerdos claros de mis anteriores encarnaciones. Pero hay un aspecto que creo que se conecta directamente con mis vidas anteriores: mientras estudio algunos textos, encuentro que a veces tengo una sorprendente facilidad a la hora de aprenderlos… como si realmente «repasara», esas materias de estudio en vez de estudiarlas por primera vez. Pues, en estos casos, frecuentes aún hoy, tengo precisamente la impresión de recordar algo de una existencia anterior… tengo la impresión de encontrarme con algo que ya encontré en el pasado. Ésta es, al menos, mi experiencia personal … Sin embargo, hay algunos *tulku* que siguen teniendo recuerdos de sus anteriores existencias durante toda su vida. Incluso en esto parece no haber normas válidas para todos.

—*Si he entendido bien, Dalai, el recuerdo de las vidas anteriores es un poco como un sueño. Cuando nos despertamos por la mañana, especialmente si esto ocurre de repente, el recuerdo del sueño está todavía muy vivo y podemos recorrer con el pensamiento casi todas sus fases. Pero mientras el día transcurre, el recuerdo se vuelve cada vez menos nítido, hasta desvanecerse del todo, por lo menos la mayoría de las veces. ¿Se podrían entender nuestros días, el despertar, las labores diurnas, el irse a dormir y el nuevo despertar, como una metáfora del ciclo ininterrumpido de nacimientos, muertes y renacimientos?*

—Sí, tiene razón… podríamos entenderlo en este sentido. La comparación que usted ha hecho a propósito de los sueños, que recordamos bastante bien cuando acabamos de despertarnos y que luego tendemos a olvidar paulatinamente con el paso del día, me parece muy apropiada.

—*¿Cuántos* tulku *había en el Tíbet tradicional?*
—Es difícil afirmarlo con precisión: varios centenares… a lo mejor varios miles.

—*¿Y todos eran escogidos diligentemente, sin errores?*
—No, al contrario… creo que, desgraciadamente, en muchas ocasiones ha habido errores. No siempre las elecciones se hacían con el debido rigor.

—Pero, ¿cómo se logra entender si la elección ha sido justa o equivocada?

—Obviamente no es fácil… no estamos frente a un procedimiento matemático… científico. Sin embargo, algo se puede hacer…

—¿Qué?

—Debemos y podemos analizar lo que un *tulku* hace… sus acciones reales, cómo se comporta concretamente, comprobar si sus actitudes y acciones han aportado algún beneficio a la gente. Qué resultados concretos ha obtenido, si su conducta es conforme a la enseñanza *Mahayana*, si su actitud es realmente compasiva. Si carece de muchas de estas características, bueno… en estos casos tiendo a juzgar que acaso la elección no fue muy precisa.

—*Respecto a los* tulku *y, más en general, respecto a todos los niños tibetanos que son incorporados desde pequeños a un monasterio, Occidente experimenta un fuerte sentido de perplejidad. ¿Podemos detenernos un momento sobre este punto? Algunos educadores occidentales consideran esta costumbre, incluso, contraproducente para el equilibrio psicofísico de los niños.*

—Entiendo que para una cultura no tibetana esta tradición nuestra pueda resultar extraña, cuando no totalmente negativa. Sin embargo, en mi opinión, las cosas son muy distintas de lo que puede parecer a primera vista. Por lo tanto, intentemos ante todo aclarar un aspecto fundamental. El niño que entra en un monasterio no se vuelve monje, sino novicio. Podrá tomar los votos completos sólo tras haber acabado todos los estudios de base y haber alcanzado la mayoría de edad. Será una elección libre que efectuará en plena posesión de sus facultades mentales...

—Por lo tanto, ¿está usted diciendo que la entrada en el monasterio de niños de seis y siete años equivale, más o menos, a lo que para nosotros los occidentales es la escuela primaria?

—Más o menos. Mire, en el Tíbet tradicional la presencia del estado en el sector de la educación era casi inexistente. Había sólo unas pocas escuelas en Lhasa y en otras dos o tres ciudades, como mucho. Entrar en un monasterio era para muchos niños la única y verdadera posibilidad de educación... no sólo en el sentido religioso.

—¿Esto quiere decir que se enseñaban también materias laicas?

—Ciertamente. La educación monástica era y es una educación global: incluye también materias como las matemáticas, la literatura, la astrología y a veces, incluso, la misma medicina. Hoy, en los monasterios que hemos fundado en la India, los jóvenes monjes estudian también lenguas extranjeras como el inglés y el hindi. Cuando hablamos de la entrada en un monasterio de niños tan pequeños, debemos tener en cuenta este cuadro general.

—Entonces es casi como entrar desde muy pequeños en una especie de internado...

—Desde cierto punto de vista podría responder que sí... pero los internados occidentales, por lo menos que yo sepa, no ofrecen a los niños que allí estudian y viven, el mismo calor humano que ofrece la comunidad monástica.

–*Dalai, ¿puede detallarnos este aspecto?*

–Quiero decir que dentro del mundo monástico hay una relación de ternura, compasión y afecto auténtico que une a los lamas y monjes de nivel elevado, encargados de la conducción del monasterio, a los pequeños novicios que estudian. Y todos los maestros y monjes ancianos tienen muy presente, por lo menos por haberlo experimentado ellos mismos, que la separación de la familia y de su mundo afectivo provoca un trauma en los niños. Esto es un hecho evidente. Pero si el mundo que estos niños encuentran es capaz de ofrecerles, además de la educación y la inspiración religiosa, también una suerte de familia dilatada, de núcleo familiar más amplio, entonces este trauma será superado positivamente. En cierto sentido podemos decir que la comunidad monástica ofrece el calor humano del núcleo familiar a un nivel numéricamente mayor. Además, no olvidemos que a los niños les gusta estar juntos, jugar juntos, divertirse juntos… y esto, ciertamente, está plenamente garantizado en la vida del monasterio.

–*Que, de todas maneras, especialmente en el Tíbet tradicional, significaba métodos educativos bastante severos.*

–Mire, nosotros creemos que es necesario un buen comienzo. Si empezamos cualquier tipo de empresa, y la vida es la más importante de las empresas del hombre, necesitamos el mejor inicio posible. La educación que el niño recibe en el monasterio, entonces, debe ser la mejor posible. Por lo tanto, también un cierto grado de severidad es, a veces, desafortunadamente necesario. Por cierto, la severidad nunca debe ser excesiva... tiene que ser dirigida siempre a llamar la atención del niño sobre la importancia, para él y para su futuro como individuo, de una buena educación. Lo que para mí es fundamental, absolutamente fundamental, es que los pequeños monjes perciban siempre, incluso en los momentos en que se les pide el máximo empeño, el calor, la ternura y la compasión de los maestros y profesores. Cuando esto ocurre, entonces el niño estará en condiciones de comprender, de «sentir» que la severidad y hasta los eventuales castigos que se le pueden aplicar no son arbitrarios, sino que forman parte de un sistema pedagógico del que él será el principal beneficiario.

–Cuando habla de castigos, ¿se refiere también a las de tipo corporal, como los famosos palmetazos en las nalgas por los que aún hoy se conocen algunas escuelas inglesas?

–En el Tíbet tradicional, en efecto, a veces hacían uso también de esta clase de castigo. Hoy en día ya no ocurre; ciertamente no se recurre a esto en los monasterios reconstruidos en la India. No pienso que se deba humillar físicamente a una persona para enseñarle a ser disciplinada y a hacer buen uso de su inteligencia. La severidad a la que me refería es una severidad moral, psicológica y a ella debemos recurrir, quiero repetirlo otra vez, sólo en casos extremos y siempre dentro de un ambiente general de solidaridad y ternura hacia los alumnos. Sentimientos que, por otra parte, los pequeños monjes comparten completamente, en la casi totalidad de los casos. Quisiera aconsejar a quienes no estén convencidos de la bondad de nuestros métodos de enseñanza que visiten algunos monasterios tibetanos en la India o en el Nepal. Podrá ver, con sus propios ojos, el afecto que une a los pequeños monjes con sus maestros y qué felices están los niños de vivir y estudiar en el monasterio. Una averiguación de este tipo, muy sencilla y a la vez muy concreta, llevará a un descubrimiento que a muchos observadores occidentales les parecerá asombroso. Cuando, durante las vacaciones, los pequeños monjes se van unas semanas a visitar a sus respectivas familias, muchas veces la nostalgia del calor de la comunidad monástica es tan fuerte que ansían el momento de volver al monasterio y, a menudo, regresan incluso antes de que terminen las vacaciones.

—En su opinión, este fuerte sentimiento de apego a la comunidad monástica, además de todos los aspectos positivos que ha mencionado, ¿puede deberse también al prestigio cultural y social del que goza el monasterio en la sociedad y en el sistema de valores del mundo tradicional tibetano?

—Ser monje representante de la *sangha* monástica es, ciertamente, motivo de satisfacción para el propio monje y su familia. Como usted sabe, antes de la invasión china era bastante común en el Tíbet la tradición de que cada familia mandara al menos a uno de sus hijos a estudiar a un monasterio… y muchos se quedaban allí toda la vida, según su propia y libre elección. Ciertamente, en la sociedad tradicional, la figura del monje gozaba de gran prestigio… del que sigue gozando aún hoy, por otra parte, aunque en un contexto social muy distinto...

—Hablando de un contexto social distinto, ¿se refiere a la invasión del Tíbet, o al mundo de los refugiados tibetanos en el extranjero, particularmente en la India y el Nepal?

—Me refiero a ambos. Cada uno de estos contextos posee, obviamente, diferentes peculiaridades en las que no creo que sea necesario adentrarnos. Sin embargo, quisiera subrayar que la figura del monje aún hoy tiene gran importancia, tanto en el Tíbet invadido, como en el universo de los refugiados, a pesar de todas las dramáticas vicisitudes que mi país y mi pueblo han debido afrontar en estos últimos cuarenta años. Me parece que esta evidencia pueda ayudar a comprender cuán importante es la dimensión monástica para los tibetanos. Pero, respondiendo exhaustivamente a su pregunta, creo que lo que usted ha definido como el prestigio cultural y social del monasterio arraigaba en la bondad de base de esta institución, tanto en lo que concierne a la formación y educación del monje, como por la conservación de las enseñanzas budistas en el Tíbet.

—Siempre refiriéndonos al campo de la educación, ¿qué sugerencias daría a las mujeres y hombres de Occidente respecto a la formación de sus hijos?

—Para empezar, también para ellos es acertada la idea del buen inicio. No me canso nunca de subrayar, siempre que me encuentro con niños y padres, que la primera edad, la primera fase de la vida, es muy importante... diría que fundamental. Gran parte del futuro de una persona depende de lo que ocurre durante los primeros años de la existencia.

—Es lo que afirma también la psicología moderna occidental...

—Creo que sí, aunque desafortunadamente no la conozco bien... De todos modos, encontré recientemente a algunos científicos que me dijeron que a partir de las primeras semanas y hasta el tercer o cuarto año de vida, el cerebro se desarrolla de manera muy rápida. Y es en este período cuando el niño necesita cosas como la ternura, el afecto, el calor humano. Es importante que los padres, parientes y amigos permitan que el niño sienta, también a través del contacto físico (caricias, abrazos, besos), todo su calor humano. A riesgo de ser banal, quiero repetir que los seres humanos tienen necesidad de gentileza para poder crecer y vivir bien. Y esta gentileza debe empezar en el inicio de la vida.

—¿Y respecto al control de las emociones? ¿Cómo debe comportarse el educador frente a estados de ánimo tan potentes como, por ejemplo, lo que podemos definir como las «emociones negativas»: rabia, miedo, celos, ansiedad, etcétera?

—Es un tema muy delicado y del cual, en cierto sentido, es difícil hablar en el espacio limitado de una entrevista. En cualquier caso, sintetizando, podemos decir que hay que trabajar sobre dos aspectos: el conocimiento y el comportamiento... ambos influyen en que tengamos una vida buena y lograda. De por sí, el conocimiento es un instrumento. Podemos utilizarlo bien o podemos usarlo mal...

—*¿En qué sentido podemos utilizarlo mal?*

—En el sentido de un sistema de nociones árido y sin ningún efecto sobre el comportamiento real de la persona. Del tipo: «Yo sé gran cantidad de cosas, pero este saber no cambia luego mi vida concreta». Ocurre más a menudo de lo que se cree.

—*¿Cómo podemos, en cambio, utilizarlo bien?*

—Utilizar bien el conocimiento significa lograr usarlo en la vida concreta y cotidiana... y si logramos utilizarlo con nosotros mismos, continuada y concretamente, seremos capaces de transmitirlo a nuestros hijos, a nuestros discípulos, a nuestros amigos. En el sector educativo es muy importante tener en cuenta una verdad, que es la verdad budista, y que puede ser aceptada también por la persona que no es budista.

—*¿Qué verdad es esa?*

—Que las cualidades fundamentales del ser humano son las positivas, no las negativas. Que el amor, la gentileza y la compasión son características propias de nuestro ánimo. Debemos cultivarlas, por lo tanto, mediante el razonamiento, pero también mediante la sensibilidad y la intuición.

—*Dalai, con todo respeto, ¿no cree que alguien podría objetar que el odio, la violencia, etcétera, son igualmente innatas en los seres humanos... o incluso que puedan ser consideradas las más auténticas de las emociones? Hay quien piensa que la gentileza, la compasión, etcétera, son sólo el resultado de la educación y de normas sociales impuestas, y que poco o nada tienen que ver con la profundidad de la naturaleza humana.*

—No comparto estos puntos de vista. Al contrario, creo que el amor, la gentileza y el sentimiento de compasión son cualidades tan humanas... las más naturales de todas. En un contexto diferente podríamos encarar la cuestión desde el punto de vista de la psicología budista, que ha proporcionado muchos ejemplos convincentes de lo que estoy afirmando. Pero, en este caso, será suficiente reflexionar sobre cómo nosotros, todos nosotros, nos sentimos en paz y relajados cuando vivimos en condiciones de poder dar y recibir amor, gentileza, compasión, etcétera. Pienso que la ira, la agresividad, la rabia, etcétera, son fruto de una mente neurótica que perdió el contacto con su naturaleza auténtica. Y, a menudo, se pierde ese contacto precisamente porque no se puede tener un buen inicio... porque, a causa de quién sabe qué condiciones, no se recibe el cariño de los padres y de las personas queridas. Creo que si nos dedicáramos a verificar las historias personales de criminales, asesinos y dictadores, podríamos ver que, en la fase inicial de sus existencias, algo relacionado con el afecto recibido no funcionó. Y, probablemente, en esta falta de afecto básico, penetró luego un conocimiento negativo que no lograba ver el mundo desde la perspectiva más justa, más auténtica.

—Volviendo al universo monástico, usted ha puesto en evidencia la importancia que tiene para el pequeño novicio recibir el calor humano de una entera comunidad de personas. En el caso de la familia occi-

dental, que por razones sociales tiene cada vez más un único núcleo, es decir, que está compuesta casi exclusivamente por madre, padre e hijo, ¿quién debería encargarse de ofrecer a los niños la ternura y el amor de los que usted habla? ¿Sólo los padres, los parientes más cercanos, o alguien más?

–Alguien debe ofrecer el afecto y la gentileza. Es una responsabilidad de los padres, pero no exclusivamente de ellos. El afecto y la gentileza son fundamentales, independientemente de dónde procedan. Lo importante es que el niño los reciba. Cierto es que, si el hijo no recibe estas atenciones de parte de sus padres, podrá reaccionar negativamente… podrá sentirse rechazado y, por lo tanto, aquéllos que desearán suplir las carencias de padres y madres tendrán que tener en cuenta esta situación.

–¿Un tulku *recibe una educación especial respecto a los otros niños que entran en el monasterio?*

–Especial en el sentido de que existe una particular atención en su educación… que se pretende de él quizá un esfuerzo mayor… mejores resultados… pero salvo esto, un *tulku* recibe el mismo tipo de educación monástica que los otros monjes.

–¿Cuándo nació la tradición de los tulku *en el Tíbet?*

–No soy particularmente versado en el tema… El primero en ser reconocido como *tulku* parece que fue el Karmapa, uno de los más distinguidos maestros del linaje Kagyu-pa… Luego esta tradición se difundió bastante en el Tíbet… honestamente, no sabría decirle mucho más.

—*Sin duda, el* tulku *más importante del Tíbet es el Dalai Lama. ¿Puede hablarnos brevemente del linaje de los Dalai Lama?*

—A partir de la quinta reencarnación, Ngawang Lobsang Gyatso, los Dalai Lama se convirtieron en los jefes políticos y espirituales del Tíbet… era el año 1642. La línea de reencarnados conocida con el nombre de Dalai Lama había empezado en 1391 con el nacimiento de Gedun Trupa, un gran maestro espiritual que fue uno de los principales discípulos de lama Tzong Khapa. Al principio, Gedun Trupa vivió en el Tíbet central, en la región de U…; más tarde se trasladó hacia la zona de Tsang, donde fundó el monasterio de Tashilumpo. Pronto un gran número de estudiantes acudió al monasterio. Cuando en 1472 Gedun Trupa abandonó su cuerpo, les dijo a sus discípulos que no se preocuparan, porque regresaría para continuar su obra espiritual. Y así fue. En 1475, en la aldea de Tanag Yalkar, siempre en la zona de Tsang, nació un niño que manifestó, a muy temprana edad, aptitudes espirituales particulares y que, sobre todo, recordaba nítidamente muchos episodios de su vida anterior. Se llamaba Gedun Gyatso y fue reconocido como la auténtica reencarnación de Gedun Trupa. Estudió principalmente en los monasterios de Tashilumpo y Drepung… especialmente en este último, donde permaneció hasta cuando abandonó su cuerpo en 1542, a los 65 años de edad. En 1543, en Toiung, un pueblo cercano a Lhasa, nació Sonam Gyatso que, a su vez, fue reconocido como la tercera encarnación del linaje empezado con Gedun Trupa. Hay que notar que hasta Sonam Gyatso, los lamas de esta línea de sucesión no tenían un nombre peculiar… no se llamaban aún Dalai Lama. Fue durante la tercera encarnación cuando les asignaron este título…

–*¿Quién?*

–El jefe mongol Altan Khan... Verá, en aquel tiempo la fama de Sonam Gyatso se había difundido notablemente en todo el Tíbet... Este maestro era conocido por la pureza de sus enseñanzas y la calidad de sus realizaciones espirituales... Un gran número de historias empezaron a difundirse rápidamente por todos los rincones del País de las Nieves. El eco de estos relatos alcanzó incluso la corte de Altan Khan, un jefe mongol del clan Tumat descendiente del mismísimo Gengis Khan. Altan Khan citó varias veces a Sonam Gyatso a su residencia en Mongolia y, por fin, éste accedió a ir. En 1577 dejó el monasterio de Drepung rumbo a Mongolia, adonde llegó al final del verano del año siguiente. El propio Altan Khan fue a recibirlo a la frontera de su reino y lo acompañó con un gran cortejo a Koko Kotan, la capital de la tribu Tumat. Sonam Gyatso empezó enseguida a impartir sus enseñanzas al monarca y a su gente y, al poco tiempo, Altan Khan se convirtió al budismo y asignó a su maestro el título de *Dalai*, un término mongol que significa *Océano*... De ahí en adelante, Sonam Gyatso fue conocido como el Dalai Lama y también sus anteriores encarnaciones recibieron este título. Por esta razón nos llamamos Dalai Lama. Las relaciones del tercer Dalai Lama con el mundo mongol eran tan estrechas que, cuando Sonam Gyatso falleció en 1588, su encarnación no apareció en el Tíbet, sino en la propia Mongolia. De hecho, el cuarto Dalai Lama, Yonten Gyatso, fue nieto de Altan Khan.

–*Sin embargo, Yonten Gyatso desarrolló su misión espiritual en el Tíbet...*

–Sí… Tras haber permanecido un período de tiempo en Mongolia, en 1601, el cuarto Dalai Lama, que tenía casi doce años, se trasladó al Tíbet, al monasterio de Drepung. Desgraciadamente, su estado de salud no era bueno y tuvo que abandonar su cuerpo en 1617, siendo aún muy joven.

–*Hasta aquella época los Dalai Lama no ejercían ninguna función política particular en el Tíbet…*

–Exactamente. Desde el punto de vista político eran siglos bastante turbulentos para el Tíbet, pero los cuatro primeros Dalai Lama ejercieron únicamente funciones espirituales. Solamente con el quinto, Ngawang Lobsang Gyatso, que los tibetanos recuerdan generalmente como el Gran Quinto, fue cuando el Dalai Lama reunió bajo su figura el poder espiritual y político. Verá, como le he dicho antes, era un período muy difícil para el Tíbet… había fuertes tensiones… y no sólo en el ámbito político… había incomprensiones y, en algunos casos, también contrastes, incluso entre escuelas religiosas… en particular entre los Kagyu-pa y los Gelug-pa. El Tíbet estuvo, por vez primera en su historia, al borde de una verdadera guerra civil. Entonces, el quinto Dalai Lama decidió que había llegado el momento de intervenir también en el ámbito político y, gracias a la ayuda de la tribu mongol de los Qosot y de su jefe, el príncipe Gushri Khan, Ngawang Lobsang Gyatso logró obtener el poder y reunificar y pacificar al Tíbet… y creó un gobierno central con sede en Lhasa, que en breve fue reconocido por los tibetanos como el auténtico gobierno de las tres grandes regiones que constituyen nuestro país: U-Tsang, Amdo y Kham.

–*¿Y, desde un punto de vista espiritual, se impuso una suerte de hegemonía de la escuela Gelug-pa?*

–Rotundamente no... Mire, la escuela Gelug-pa ya era muy extensa e influyente... especialmente en la zona de Lhasa y en todo el Tíbet central... pero el quinto Dalai Lama se convirtió en el jefe religioso de todos los tibetanos... nunca fue sectario. Al contrario, precisamente se le recuerda, aún hoy, por haber recibido y practicado diferentes enseñanzas de otras escuelas, además de la de Gelug-pa; fue poseedor, en particular, de importantes linajes Nyngma-pa. Pero no sólo Ngawang Lobsang Gyatso tuvo esta actitud no sectaria. También los otros Dalai Lama, a pesar de su pertenencia a la tradición Gelug-pa, habían practicado anteriormente diversas enseñanzas de otras escuelas... sus biografías lo evidencian. No, con la tradición de los Dalai Lama no se impuso ninguna «hegemonía» Gelug-pa. A partir del quinto, los Dalai Lama se convirtieron en los máximos representantes de todos los tibetanos... y, como tales, les reconoció todo el pueblo. Por lo demás, los Dalai Lama no eran los jefes de la escuela Gelug-pa... Esto no resulta siempre claro en Occidente. El jefe de la escuela Gelug-pa es el Ganden Tripa; algunos importantes lamas de esta escuela lo eligen según sus conocimientos espirituales y su erudición. La tradición no sectaria continuó con el sexto Dalai Lama, Tsanyang Gyatso, que tenía, como usted ciertamente sabe, un estilo de enseñanza no convencional...

–*Precisamente a causa de este estilo de vida bastante peculiar son famosas sus poesías de amor dedicadas a varias chicas. Alguien cree*

*que quizá en el caso del sexto Dalai Lama pudo cometerse algún error
en el reconocimiento de su encarnación…*

–No lo creo en absoluto… Estoy convencido de que Tsanyang
Gyatso fue la auténtica reencarnación del quinto Dalai Lama… Su
estilo no convencional expresaba únicamente el hecho de que pueden existir distintas formas de enseñar… pero la calidad de las enseñanzas del sexto Dalai Lama era completamente pura… fue un gran
Dalai Lama si bien, a causa de problemas políticos, murió muy joven
en 1706.

*–Murió en el pueblo de Lithang y antes de marcharse de Lhasa
escribió una poesía en la que no sólo profetizaba que habría abandona-
do su cuerpo en Lithang, sino que también renacería allí: «Préstame tus
alas/cándida grulla/o iré más allá de Lithang/y luego volveré…».*

–Eso fue lo que precisamente ocurrió… como había escrito en su
poesía. Efectivamente, en 1708, en Lithang, nació Kalsang Gyatso, el
séptimo Dalai Lama. Éste se dedicó principalmente a los estudios religiosos y a las prácticas de la escuela Gelug-pa, de la que fue uno de
los practicantes más puros. Abandonó su cuerpo en 1757 y, en 1758,
en la aldea de Thobgyal en la región de Tsang, nació Jampal Gyatso,
el octavo Dalai Lama. Él también, en la primera etapa de su vida,
practicó casi exclusivamente las enseñanzas Gelug-pa pero, más tarde, intentó estudiar también otras tradiciones. Desgraciadamente, parece que no encontró maestros realmente cualificados. Tras su muerte, ocurrida en 1804, todos los sucesivos Dalai Lama, desde el
noveno hasta el duodécimo, murieron jóvenes o muy jóvenes y, por

lo tanto, no tuvieron tiempo de completar adecuadamente sus estudios religiosos. Pero en 1876 nació en Langdun, en el Tíbet sudoccidental, Thubten Gyatso, el decimotercer Dalai Lama, que no sólo fue una gran personalidad política, sino también un gran practicante del budismo. Estudió con mucha profundidad tanto las enseñanzas Gelug-pa como las de otras escuelas, en particular las Nyngma-pa... Tuvo que ocuparse mucho del gobierno del Tíbet en aquellos años difíciles, en los que se vivió primero la invasión de mi país por parte de los ejércitos imperiales chinos y, luego, su definitiva liberación a causa de la caída del Imperio. Sin embargo, a pesar de esto, el decimotercer Dalai Lama fue durante toda su vida, un profundo practicante espiritual y un erudito maestro religioso. Abandonó su cuerpo en 1933... ¡y así hemos llegado al Gran decimocuarto! (se ríe). Éste con quien está hablando. Yo nací en el Tíbet oriental, en la región de Amdo. Mi pueblo natal se llama Takster y era, en la época de mi nacimiento en 1935, una pequeñísima aldea completamente aislada y detenida en el tiempo. Mis padres eran simples campesinos y yo fui su quinto hijo. Parece que muchos acontecimientos peculiares marcaron mi nacimiento; mi padre y mi madre pensaron que quizá yo pudiera ser la reencarnación de algún lama, pero no se imaginaron que pudiera ser la reencarnación del Dalai Lama... Cuando vino, desde Lhasa, la delegación que me descubrió, se quedaron pasmados...

—Usted relató en sus dos autobiografías cómo fue reconocido como encarnación del decimotercer Dalai Lama; quisiera preguntarle cómo definiría la peculiaridad del linaje de los Dalai Lama.

–Ayudar al pueblo tibetano… beneficiar a los tibetanos desde el punto de vista espiritual y político… ésta es la particularidad de nuestro linaje.

–*Se considera que los Dalai Lama son la emanación terrena de Avalokitesvara, el* bodhisattva *que encarna el principio de la compasión. ¿Cuándo y cómo ha sido posible establecerlo?*

–Esto es como un misterio… No lo sé exactamente… Creo que en los tiempos del primer Dalai Lama hubo algunas señales, indicaciones bastante claras de que Gedun Trupa fuese la manifestación terrena de Avalokitesvara… Hay influencias misteriosas, peculiares relaciones entre nuestro linaje y Avalokitesvara. Además, tenemos esta obligación especial respecto al Tíbet y Chenrezig, como nosotros los tibetanos llamamos a Avalokitesvara, la divinidad protectora del Tíbet. De todas maneras, tiene que quedar claro que la manifestación de un *bodhisattva* no es prerrogativa de una sola persona o de una única línea de reencarnaciones… pueden haber múltiples manifestaciones de aquel mismo principio…

–*¿Incluso actualmente?*
–Sí, claro… incluso actualmente.

–*En Occidente a veces nos referimos al Dalai Lama como a una suerte de Dios viviente… ¿es esto así?*
–Rotundamente no… Para empezar, el budismo no contempla en sus enseñanzas la presencia de un Dios creador… cuanto menos la

de un «Dios viviente»... y, además, si yo fuera un «Dios viviente», con todas mis limitaciones, ¡se trataría de un Dios bien insignificante! (se ríe). Creo que esta expresión es la traducción de una palabra china que tiene ese significado... *Ho-fu*. En tibetano nosotros usamos el término lama que es la traducción de la palabra sánscrita gurú, maestro espiritual. Lama está compuesta por *la*, que significa «arriba», y *ma*, que quiere decir «ningún otro»... entonces lama significa que no existe ningún otro más arriba... es decir, que indica las grandes cualidades del maestro espiritual. En mi caso, Dalai Lama quiere decir Lama Océano, donde la palabra océano significa océano de sabiduría, de conocimiento... Ésta es la definición más apropiada bajo la perspectiva filológica... pero «Dios viviente» es una definición absurda.

—¿Cómo establece un Dalai Lama dónde y en qué familia debe renacer?

—En el caso de mis predecesores, francamente no lo sé... Dado que eran todos practicantes avanzados, con fuertes motivaciones altruistas, creo que debieron tener una notable experiencia en este campo. Por lo que a mí se refiere, hago lo posible por desarrollar este género de motivación pura por ayudar a todos los seres vivos... Uno de los versos que inspiran más mis meditaciones es aquél que dice: «Hasta cuándo habrá espacio, hasta cuándo existirán los sufrimientos de los seres vivos; yo volveré para poder servirlos». La meditación sobre estos versos me infunde una potente energía y me ayuda a comprender el verdadero significado de la existencia. No dudo que la línea de mis reencarnaciones continuará... En el estado actual, no creo haber desarrollado el poder necesario para lograr dirigir con claridad el curso de mi nueva encarnación, pero hago lo posible para poder desarrollarlo antes de mi muerte... ¡de todos modos no tengo prisa! (se ríe). Espero tener bastante tiempo por delante para lograrlo. Bromas aparte, es verdad que en el Tíbet los grandes lamas pueden predecir con bastante nitidez el lugar y el tiempo de su sucesiva encarnación... desde este punto de vista la tradición de los Dalai Lama no constituye una excepción, no es muy distinta respecto a las de otros *tulku*. A veces, estas indicaciones son suficientemente claras... en otros casos, en cambio, tienen que ser descifradas, porque se presentan de manera bastante oscura.

—Y cuando son oscuras, al menos en el caso de los Dalai Lama, ¿se consultan varios oráculos?

—En el caso de los Dalai Lama, cuando las indicaciones son vagas, de difícil interpretación, se recurre especialmente al Oráculo del Estado, el oráculo del monasterio de Nechung... Los oráculos son personas, a veces monjes, otras veces simples laicos, de quienes particulares energías espirituales utilizan el organismo físico para hablar al mundo de los seres humanos. Estos oráculos, entonces, escogen a un ser humano como *médium*, como intermediario entre ellos y nuestro mundo... de manera que estas personas caen a veces en una especie de *trance*, durante el cual actúan y sobre todo hablan en nombre de esa determinada energía espiritual, de forma que podremos interrogarla. En el caso de las reencarnaciones del Dalai Lama, así como con motivo de otras importantes decisiones, el gobierno tibetano consulta al Oráculo de Nechung, al que por eso le llamamos el Oráculo del Estado.

–¿Qué siente una familia cuando en su interior se encuentra la reencarnación de un Dalai Lama?

–Es difícil responder... Por un lado los padres están muy felices de haber generado un niño tan importante para el Tíbet... por el otro están muy tristes porque, debido precisamente a la importancia de su cargo, en cierto sentido tienen la impresión de perderlo. De todos modos, en el Tíbet la familia acompañaba el pequeño Dalai Lama a Lhasa para poder quedarse cerca de él. Y por mucho que el *status* social de los padres y de los parientes más cercanos al Dalai Lama fuese muy elevado, para algunos la diferencia con los estilos de vida precedentes podía ocasionar algún problema de adaptación.

Kalachakra

—*En el budismo* Vajrayana *existe una importante iniciación, llamada* Kalachakra, *que usted está celebrando muy frecuentemente, sobre todo en los últimos años, tanto en la India como en el resto del mundo. ¿Puede hablarnos de ello?*

—La *Kalachakra* es una de las iniciaciones más importantes del budismo tántrico. Yo recibí estas enseñanzas directamente de mi tutor anciano, Kyabje Ling Rinpoche, que a su vez las recibió a través de una cadena iniciática que data del siglo X, cuando un maestro natural de la India oriental, el *yogi* Chilupa, fue iniciado a este particular tantra. Hay varias versiones referidas al momento en que Buda Sakyamuni enseñó este tantra. Según una versión, Buda dio simultáneamente dos enseñanzas un año después de haber alcanzado la iluminación, durante la luna llena del tercer mes. En el Pico del Buitre realizó el Segundo Giro de la Rueda de la Doctrina y, al mismo tiempo, apareció en forma de *Kalachakra* en Dhanyakataka, una localidad de la India meridional, donde transmitió este tantra. La otra interpretación, en cambio, afirma que Sakyamuni enseñó el *Kalachakra Tantra* un año antes de abandonar su cuerpo y de realizar el *Parinirvana*. De todos modos, independientemente del momento en que Buda lo transmitió, el Tantra de *Kalachakra* forma parte de los más elevados niveles del budismo tántrico. Pero sería demasiado largo examinar los detalles y las diferentes fases de esta iniciación, cuya transmisión dura más o menos tres días...

—Dalai, ¿puede explicarnos al menos sus aspectos esenciales?

—Kalachakra es una palabra sánscrita que significa «rueda del tiempo». La celebración de su iniciación es una práctica espiritual que permite eliminar los obstáculos internos y externos que impiden progresar en la vía de la iluminación. Hablando desde un punto de vista muy general, podemos decir que existe una rueda del tiempo externa y una interna... Con la primera nos referimos al mundo material en el que todos nosotros vivimos, mientras que la segunda simboliza la estructura psicofísica de cada ser humano... Como he dicho, se dice que recibir estas enseñanzas y practicar sus relativas técnicas de meditación otorga al ser humano el poder de purificar sus negatividades internas y externas.

—¿Es verdad que el Kalachakra Tantra *está relacionado de algún modo con la mítica Tierra Pura de Shambala?*

—Sí... Según la tradición, Buda enseñó el Tantra de *Kalachakra* por petición expresa de Dawa Zangpo, el primer monarca de la Tierra Pura de Shambala... localidad presente en este mundo, pero perteneciente a una particular dimensión espacio-temporal que pueden percibir y conocer sólo quienes poseen determinadas sensibilidades psicofísicas... Las enseñanzas relativas al *Kalachakra* habrían sido conservadas durante un largo período de tiempo en el reino de

Shambala por una ininterrumpida cadena de maestros y discípulos. Sólo en el siglo X habrían sido propagadas entre los hombres... precisamente por el *yogi* Chilupa.

—En el budismo tántrico las iniciaciones conciernen normalmente sólo a un reducido número de discípulos, a los cuales el maestro confiere el abhisheka *en un clima muy reservado, e incluso secreto. La iniciación de* Kalachakra, *en cambio, es pública y a menudo se confiere a centenares de miles de personas...*

—Hablando desde un punto de vista técnico, las personas que están por recibir una iniciación, o *abhisheka*, deberían tener requisitos y cualidades muy peculiares. Deberían haber estudiado con atención y, a menudo durante largos años, los textos relativos a la propia iniciación... Tendrían que haber desarrollado una profunda y personal relación espiritual con su maestro... Deberían haber meditado detenidamente sobre determinados temas... pero, por lo que se refiere al *Kalachakra*, creo que se puede hacer una excepción... De hecho, pienso que es posible beneficiarse de las consecuencias positivas de esta iniciación también partiendo de diferentes niveles de conocimiento y experiencia. Por lo tanto, no es necesario haber estudiado durante años para poder participar. Creo que el único requisito indispensable es tener una profunda confianza en lo que se está haciendo y agradecer realmente esta oportunidad. Por estos motivos la iniciación del *Kalachakra* es un ceremonial en el que todos pueden participar. Verá, como usted sabe, el ritual del *Kalachakra* es muy largo y elaborado... Ya he dicho que dura casi tres días y, en este período de tiempo, hay que practicar complejas meditaciones, visualizaciones, oraciones… hay danzas rituales específicas… y también se lleva a cabo la construcción de un gran *mandala* de arenas pintadas, en el que el practicante debe «entrar» simbólicamente… varias iniciaciones… Obviamente, hay practicantes que lograrán seguir atentamente todos estos momentos y los diversos grados del ceremonial…

–*¿Qué quiere decir con «seguir atentamente»?*
–Quiero decir que estas personas, por lo general maestros espirituales, *yogi*, monjes o, en cualquier caso, individuos que tienen cierta familiaridad con los aspectos más complejos del budismo… que son practicantes bastante avanzados… estas personas, decía, podrán gozar completamente de los beneficios que conlleva el hecho de recibir una iniciación de este tipo… Más tarde, una vez concluida la iniciación, serán capaces de practicar los compromisos vinculados a las enseñanzas del *Kalachakra*. Pero para el resto de la gente que viene (a menudo desde muy lejos) a recibir el *Kalachakra*, será una ocasión especial para encontrarse con enseñanzas budistas muy importantes y creo que, aunque no sean capaces de comprenderlas del todo, podrán en todo caso aprovecharse de los beneficios generales… De todos modos se trata de una potente bendición.

Según los textos budistas, participar en la iniciación del *Kalachakra* garantiza que la iluminación será alcanzada en un máximo de dieciséis reencarnaciones, que, considerando el infinito número de existencias cíclicas a las que estamos «condenados», es realmente muy poco.

—Antes que usted, ningún Dalai Lama había celebrado un número tan grande de Kalachakra…

—Ninguno… ¡ésta es una especialidad mía! (se ríe). Empecé en el Tíbet, celebrando dos *Kalachakra* en 1954 y 1956, en un palacio llamado Norbu Lingka, en las afueras de Lhasa… y después he continuado durante estos años de exilio… He celebrado el *Kalachakra* en varios lugares de la India. La primera vez fue en 1970, aquí en Dharamsala… Al año siguiente, lo celebré en los asentamientos de refugiados tibetanos de Bylakuppe, en el estado de Karnataka. También he hecho iniciaciones de *Kalachakra*, cada vez con mayor frecuencia… en Bodh Gaya y en Sarnath, que son localidades especialmente sagradas para nosotros los budistas por sus conexiones con la vida y las enseñanzas de Buda Sakyamuni… y en muchas regiones del Himalaya habitadas por personas de fe budista y a menudo de origen tibetano, como el Ladak, el Kinnaur, el Sikkim, el Spiti, el Arunachal Pradesh, y otras más…

—¿Cuánta gente viene normalmente a recibir esta iniciación?

—Depende… En algunos casos, por ejemplo en Bodh Gaya, en diciembre de 1985, se reunieron más de doscientas mil personas… y, en esa ocasión, llegaron también miles de tibetanos desde el Tíbet, aprovechando una momentánea apertura política del gobierno chino… Para esa gente se trató de la primera ocasión para recibir las enseñanzas budistas y ver al Dalai Lama desde 1959… También en Sarnath, en diciembre de 1990, se reunieron más de cien mil personas. En otras ocasiones, en cambio, el número de participantes fue menor... por ejemplo, cuando celebro el *Kalachakra* en regiones remotas del Himalaya. De todos modos, debo decir que la gente que viene a recibir el *Kalachakra*, sea mucha o poca, demuestra siempre una fuerte determinación por desarrollar una motivación positiva, un cambio positivo de su existencia... y esto no vale sólo para eruditos y monjes, sino también para las personas en general, las cuales, la mayoría de las veces, tienen un conocimiento del budismo menor. Yo creo que es algo muy importante impartir y recibir la iniciación del *Kalachakra*... es un modo de cultivar la inspiración al altruismo, a la práctica espiritual y a la búsqueda de la iluminación. Es como echar una semilla en la tierra: tarde o temprano brotará.

—*En estos últimos años, usted también ha celebrado algunos* Kalachakra *en Occidente...*

—Sí, empecé en julio de 1981 en Madison, en Estados Unidos... luego celebré un *Kalachakra* en Europa, a petición de la comunidad de los refugiados tibetanos en Suiza y de los budistas europeos... y después he continuado. Mire, pienso que las influencias benéficas derivadas de la celebración del *Kalachakra* son significativas no sólo para el Tíbet y los tibetanos... sino también para Occidente y el resto del mundo que asimismo pueden sacar provecho de ello... Tengo la sensación, una fuerte sensación, de que el *Kalachakra* está particularmente relacionado con el desarrollo de la paz en el mundo. Creo que celebrando y participando en este ritual se ponen en movimiento profundas energías positivas... positivas para la calma interior, para el desarrollo de una visión del mundo religiosa pero, también, social, basada en valores de tolerancia, solidaridad, comprensión y diálogo... por eso me estoy entregando tan a fondo a este aspecto de la práctica religiosa, porque creo que se trata de una contribución que los budistas podemos ofrecer a toda la humanidad.

Cómo enfrentarse con la muerte

—*En estos últimos años, en el mundo occidental, el tema de la muerte se ha puesto en cierto sentido de moda. Mientras antes había a lo sumo una tendencia a ocultar todo discurso inherente a ella, hoy la muerte es el centro de congresos, libros y debates. Y dentro de esta atención, el punto de vista del budismo tibetano es el que quizá despierta mayor interés. Sólo en Italia, por ejemplo, existen cinco traducciones diferentes del* Libro tibetano de los muertos. *Dalai, ¿juzga positivo para un no tibetano leer este texto?*

—En general, francamente, creo que no. Verá, el texto conocido en Occidente con el nombre de *Libro tibetano de los muertos* y que, en cambio, se llama *Pardo Thödol*, cuya traducción exacta suena más o menos «Autoliberación a través del oído», tampoco se considera en el Tíbet un libro de simple lectura. Al contrario, se estima como un texto bastante complejo... que se debe estudiar con un maestro experto, capaz de conocer sus significados exteriores y secretos. Se trata de enseñanzas muy difíciles que deben comprenderse con exactitud, de lo contrario se crea una gran confusión. Por lo tanto, no creo que la lectura de este libro (*Libro tibetano de los muertos*) se pueda afrontar con simplicidad... ya que podría revelarse más como una causa de confusión que de claridad.

—Conozco a algunos jóvenes seguidores occidentales del budismo tibetano que incluso leyeron páginas del Pardo Thödol *al padre cuando acababa de fallecer…*

—Con todo el respeto por sus motivaciones, creo que se trata de practicantes animados por muy buenas intenciones, pero no pienso que los resultados hayan sido los mejores…

—¿Por qué?

—Porque es muy importante permitir que una persona que se está muriendo lo haga de la manera más serena y pacífica posible. Por lo tanto, si conoce las enseñanzas del *Pardo Thödol*, si ha tenido ocasión de practicar sus meditaciones a lo largo de su existencia… en otras palabras, si se ha familiarizado con este mundo de símbolos, de meditaciones… entonces obtendrá ciertamente una ventaja y, enseguida, después del cese de sus actividades físicas, escuchar las indicaciones de ese texto ayudará a su mente a orientarse en el momento intermedio entre la muerte y el sucesivo renacimiento. Pero si no existen estas premisas, y creo entender que en los casos que usted ha citado no existieron, entonces es mejor no leer aquel texto, sino más bien que el moribundo sienta toda nuestra ternura… que sienta nuestro amor.

—A parte del Libro tibetano de los muertos, *¿cuál es la posición del budismo* Vajrayana *respecto a la muerte?*

—Tarde o temprano todos morimos… aunque es algo que no nos agrada, aunque quizá quisiéramos que no fuese así… pero ésta es la cruda realidad. Por lo tanto, es extremadamente importante ser conscientes de ello. La cuestión es no hallarse desprevenido ante la muerte...

–¿Es decir?

–Quiere decir que si empezamos a reflexionar sobre la certeza de la muerte... sobre cuán precario es el momento presente... entonces, haremos todo el esfuerzo posible por prepararnos para el futuro. Los practicantes budistas, especialmente los practicantes del tantra, experimentan cada día la muerte en sus meditaciones. Es un poco como morir cada día en el ámbito mental. Si nos acostumbramos a pensar en la muerte desde el principio... desde que nuestra vida aún es plena y estamos bien de salud... cuando lleguemos al momento decisivo... al final de nuestra existencia actual, seremos capaces de encararlo con inteligencia... seremos capaces, por decirlo así, de controlar nuestra actividad mental. Verá, la meditación sobre la muerte se basa en la teoría del karma... Como hemos visto anteriormente, nosotros los budistas creemos que existe un *continuum* mental, una sutil forma de consciencia que se reencarna existencia tras existencia, vida tras vida. Por lo tanto, desde este punto de vista, prepararse para la muerte es muy importante porque, en cierto sentido, la muerte es una de las principales experiencias que nos esperan. Si la actual es solamente una de las innumerables vidas que experimentamos, por un lado no es tan importante apegarse neuróticamente a ella y, por otro, somos conscientes de que con nuestras acciones actuales... con nuestra presente condición mental, preparamos las futuras. Entonces, a través de nuestras meditaciones sobre la muerte y la fugacidad de los fenómenos, nos preparamos para afrontar el momento del cambio de estado con una actitud interior de apertura, de tranquilidad, de claridad. Si la muerte nos sorprende en este estado, mejor que en un estado de pánico... de apego neurótico, entonces lograremos atravesar el delicado período intermedio que separa el final de una existencia del inicio de la sucesiva con la necesaria apertura y claridad mental. Mire, si es importante vivir serenos, aún lo es más morir serenos. En el budismo tenemos muchas enseñanzas relativas a la preparación a la muerte... contenidas tanto en los sutra como en los tantra. Y todas estas enseñanzas insisten en el hecho de que debemos ser completamente conscientes de la existencia de la muerte durante todo el transcurso de nuestra vida. Si reflexionamos, si meditamos sobre esta evidencia, comprenderemos mejor la naturaleza fugaz de los fenómenos... será más fácil entonces desarrollar un cierto grado de desapego a las cosas materiales. Podremos ver con mayor claridad cómo la calidad de nuestra existencia depende mucho más del nivel de nuestra concienciación mental e interior, que de los factores materiales. Quizá no es agradable recordarlo, pero dentro de unos sesenta años como máximo, e incluso menos, nadie de nosotros estará vivo... ninguno de los que lean estas entrevistas existirá... al menos no con el cuerpo físico actual. A menudo, esto pasa inadvertido a la conciencia ordinaria... o mejor dicho, hay una parte de nosotros mismos, una parte de nuestra mente, que no quiere reflexionar sobre este hecho. Sin embargo, no ser consciente de la presencia de la muerte es un error gravísimo... Dejar de lado la idea de la muerte no sólo no nos ayuda en absoluto, sino que nos anima a ser perezosos respecto a nuestra práctica espiritual... Hay una suerte de pereza

innata en todos nosotros que nos engaña más o menos conscientemente... una especie de voz interior que nos incita a aplazar nuestras
meditaciones... que nos dice que más adelante tendremos tiempo
para ocuparnos de nuestro crecimiento. Estos sentimientos de pereza
pueden ser muy potentes... pueden engañarnos y alejarnos del camino espiritual. Pero si recordamos cotidianamente que todo lo que experimentamos es fugaz... que la muerte puede sorprendernos en
cualquier momento y que no estamos seguros de nada excepto del
hecho de que, de todas formas, llegará... entonces, pienso que esta
concienciación puede ser una gran ayuda para que empecemos enseguida y sin demora nuestro camino espiritual, nuestra práctica religiosa. Creo poder afirmar que si no consideramos la muerte seriamente será difícil tomarse en serio el Dharma. Ignorar el dolor, en el
sufrimiento y en la muerte no nos evitará, ciertamente, el hecho de
encontrar estos aspectos de la vida en el curso de nuestras existencias... Al contrario, sólo lograremos cambiar y evitarlos comprendiendo sus causas. Sólo meditando acerca del origen del dolor y de la
naturaleza de la fugacidad conseguiremos mejorar nuestras vidas. No
se trata de ser pesimistas, sino, sencillamente, de ¡tomar nota de una
realidad! Alguien podría pensar que un practicante budista, meditando cotidianamente sobre la muerte, manifiesta una concepción negativa o pesimista de la vida. No es así... Al contrario, reflexionar sobre
la muerte y la fugacidad vuelve mucho más significativas nuestras vidas, más provechosas... y, como he dicho antes, nos permitirá alcanzar aquella meta preparados y sin arrepentimientos.

–*¿Podríamos entonces afirmar que toda nuestra vida no sería más que una preparación para la muerte? ¿Que desde el momento de nuestro nacimiento se inicia una suerte de cuenta atrás respecto a nuestro final?*

–En cierto sentido es verdad… no existe ningún ser viviente que, después de haber nacido, se aleje de la muerte. En cambio el momento de la muerte se acerca cada día más para todos, a cada hora, a cada segundo que pasa. Como dice Lama Tzong Khapa, el proceso de acercamiento a la muerte comienza inmediatamente después de la concepción. Por consiguiente, usted tiene razón… es una especie de «cuenta atrás» de la que debemos ser completamente conscientes. En realidad es como cuando tenemos que partir para hacer un largo viaje. Debemos hacer con cuidado planes y preparativos, de lo contrario tendremos problemas. Esto no significa, obviamente, que nuestra existencia tenga que estar obsesionada con la idea de la muerte… Sería totalmente equivocado… Más bien creo que deberíamos emplear la mitad de nuestro tiempo en preparar la vida futura y la otra mitad en cuidar de la actual. Debería quedar claro que la concienciación de la muerte es la base de toda la práctica espiritual… Si no desarrollamos esta concienciación, todos los demás aspectos de nuestro camino interior se sentirán afectados. Creo que hablar de estos temas… por ejemplo, discutir sobre la fugacidad o sobre lo ineludible de la muerte, es relativamente fácil… fácil al menos para los que aceptan las premisas de la religión budista: las Cuatro Nobles Verdades. Pero practicar efectivamente estas meditaciones en la vida cotidiana es otra cosa. Es muy difícil y complejo. Se trata, como le he dicho, de experimentar cotidianamente la muerte... de «entrar» en este estado durante las meditaciones... y no siempre podemos notar cambios significativos en nuestro nivel de concienciación... Frecuentemente, en cambio, nos parece que casi no avanzamos, que permanecemos parados en el punto de salida...

–¿Por qué?

–Para empezar, porque estos cambios mentales no se obtienen fácilmente... es preciso tener tiempo, determinación y mucha paciencia, dado que, aun cuando ocurren, necesitan un tiempo bastante largo para efectuarse. No estamos hablando ciertamente de semanas o meses. Además, porque no siempre resulta fácil darse cuenta de las transformaciones ocurridas, tenemos que mirar dentro de nosotros mismos con mucha atención, con gran perspicacia, para comprender qué ha cambiado y en qué medida.

–Dalai, usted dijo que para una persona es esencial poder morir serena...

–Mire, cuando se exhala el último suspiro, es decir, cuando sobreviene la muerte tal como se entiende comúnmente, es fundamental que la mente pueda hallarse en un estado de calma y serenidad... Es como si se tratara de la última ocasión que tenemos... y es una ocasión que no deberíamos desaprovechar. Puede ser una gran ayuda para el moribundo tener alrededor a familiares y religiosos que le infundan una energía positiva... En el Tíbet, tradicionalmente, se intentaba crear una situación de este tipo en torno a quien estaba abandonando su cuerpo. También es importante que en la habitación donde se está muriendo una persona existan imágenes de Buda o de otras divinidades, de manera que le trasmitan toda la energía y la paz que estas imágenes poseen. De todos modos, es importante que la muerte suceda en las mejores condiciones posibles... que la mente de la persona que está muriendo se encuentre serena, calmada y libre de emociones negativas como el odio, el apego y el miedo.

–*¿Podría, por lo menos a grandes trazos, describirnos las fases principales del proceso de la muerte de acuerdo con las tradiciones tibetanas?*

–Después de la muerte se entra en el estadio intermedio, el Pardo... pero antes de la muerte propiamente dicha aparecen síntomas que indican el tipo de renacimiento que se producirá en la sucesiva existencia.

–*¿Qué clase de síntomas?*

–Es como si el calor corpóreo se concentrara, o mejor dicho, se retirara hacia una parte específica del cuerpo... dependiendo de cómo se retire el calor corpóreo, se puede obtener una impresión genérica del renacimiento sucesivo. Normalmente, el hecho de que el calor fluya de abajo hacia arriba se considera como señal de una reencarnación positiva, mientras que lo contrario se juzga como negativo. Esto desde un punto de vista muy general... pero cuando se enfrenta el tema de la muerte se debería tener cierto conocimiento de la estructura global del organismo... de cómo el budismo concibe el organismo...

—¿Es decir?

—En el sentido de que el budismo, además del cuerpo físico, tanto por lo que se refiere a las explicaciones presentadas en los sutra como por aquellas contenidas en los tantra, habla de una fisiología «mística» que no se puede observar a simple vista, pero que ejerce igualmente una serie de importantes funciones... Obviamente no podemos sintetizar en pocas palabras estas doctrinas extremadamente elaboradas... Aquí bastará con mencionar el hecho de que esta fisiología habla de innumerables vientos interiores, gotas de fluido, canales... Son, todas ellas, características «sutiles» del organismo... características de gran importancia. Por ejemplo, respecto a los canales... hay varias decenas de miles, pero los principales son tres: uno central, que se mueve desde la cabeza hasta el final de la espina dorsal, y dos laterales que fluyen hacia la derecha y la izquierda. Con relación a los vientos, también los hallamos descritos en gran cantidad, pero los más importantes son diez: cinco primarios y cinco secundarios... Las gotas de fluido se consideran como los dos componentes esenciales, el blanco y el rojo. Ahora bien, el diferente movimiento en el interior del organismo de todos estos elementos hace que el proceso de la muerte pueda variar de individuo a individuo. Sin embargo, es importante considerar que hay diversas fases en el proceso de la muerte... y durante estos estadios una serie de factores se disuelven por grados. ¿Me está siguiendo?

—Sí y no...

—En estos diversos estadios en los que se subdivide el proceso de la muerte hay veinticinco factores que se disuelven...

–¿Veinticinco factores? Dalai, ¿puede hablarnos de ello con más detalle?

–Ciertamente... se trata de las Cinco Agrupaciones: la forma, las sensaciones, la facultad discriminante, los elementos compuestos y la consciencia. Luego están los Cuatro Componentes, es decir, agua, aire, tierra y fuego. Después siguen las Seis Fuentes: los sentidos de la vista, el oído, el olfato, el gusto, el tacto y la mente. Finalmente están los Cinco Objetos, es decir, las formas, los sonidos, los olores, los sabores y las cosas que podemos tocar... y, por último, las Cinco Sabidurías Ordinarias: la sabiduría fundamental pura como el espejo, la sabiduría fundamental discriminante, la sabiduría fundamental de la realización de las acciones y la sabiduría fundamental de la naturaleza de los fenómenos...

–¿La gradualidad de este proceso de disolución es igual para todos los que entran en el proceso de la muerte?

–No. Depende de cómo se llega al momento de la muerte. En el caso de enfermedades prolongadas que deterioraron con gravedad al paciente o, aún más, en caso de muertes violentas debidas a accidentes repentinos o a homicidios, las diferentes fases del proceso sobrevienen de forma muy rápida... En el caso de una muerte más dulce, que se produce lentamente y en un organismo que no está excesivamente corroído, las ocho diferentes fases se manifestarán gradualmente y el moribundo logrará así poner en práctica las enseñanzas sobre la muerte que ha recibido en el transcurso de su existencia. En pocas palabras... en todas estas fases ocurren determinadas disoluciones y la conciencia experimenta una serie de visiones, cada una característica de un determinado estadio. Si es posible mantener activa la conciencia durante las fases de la disolución, gracias a las enseñanzas recibidas, de alguna manera podremos influir sobre nuestra sucesiva encarnación y recordar varios aspectos de la anterior. Al final de las ocho fases aparece ante nuestra conciencia una visión de la mente primigenia, la mente fundamental de la que se desprenden las demás... Una mente que, desde un tiempo sin inicio, está presente en cada individuo y que continuará presente en el proceso de las sucesivas reencarnaciones... proceso que terminará sólo con la consecución de la iluminación.

—¿En qué modo la visión de esta mente aparece ante la conciencia del moribundo?

—Bajo la forma de luz clara, llamada también la «mente de clara luz»... Si se muere en las condiciones favorables que he mencionado, generalmente se permanece en estado de «mente de clara luz» más o menos durante tres días, pero hay casos en que grandes meditadores lograron permanecer en este estado durante semanas e incluso meses... y esto, precisamente, en virtud de haber experimentado durante sus meditaciones todo el proceso de la muerte, durante años y años. También aquí en el exilio, en la India, tuvimos casos de este género... a pesar del tórrido clima indiano...

—¿Se refiere a personas que han conservado un organismo no deteriorado también en ausencia de vida?

–Exactamente… personas cuyo cuerpo estaba clínicamente muerto, donde no había señales de respiración y que, sin embargo, durante semanas no hubo descomposición física. Obviamente, los maestros y meditadores capaces de tener semejante control mental son muy infrecuentes, pero los hay y los hubo en el pasado.

–¿Cuándo termina lu visión de la «mente de clara luz»?
–Aparte de estos casos particulares, en general sucede después de aproximadamente tres días… transcurridos los cuales, la conciencia vuelve a recorrer en sentido inverso los ocho estadios que habían acompañado la disolución. Y dependiendo de cuál sea nuestro sucesivo renacimiento, se detendrá en el estadio correspondiente.

–Según el budismo Vajrayana, ¿cuánto dura el viaje de la conciencia en el estadio intermedio?
–De un mínimo de siete a un máximo de 49 días… Después de una semana, en efecto, si la conciencia se encuentra en la situación apta a la nueva encarnación, de acuerdo con su karma, el renacimiento puede ya tener lugar… En caso contrario, seguirá permaneciendo en el estadio intermedio, pero durante un período máximo de 49… en los que tendrá que encarnarse nuevamente.

–Dalai, ¿podríamos deducir que la muerte es de hecho una experiencia psíquica… quizá hasta una fascinadora experiencia psíquica?
–Mire, deberíamos entender que la muerte no es más que la separación de la conciencia de un determinado cuerpo físico. Abandona-

do este cuerpo físico, la conciencia entra en otro, a través de los procedimientos que he descrito sumariamente antes… Se trata de un proceso sin inicio y que podrá terminar sólo con la consecución de la condición de Buda. Lo que hace recaer en la muerte todos los significados trágicos que normalmente le atribuimos es sólo nuestra ignorancia, nuestro apego egocéntrico y nuestra ausencia de perspectiva. Por eso, retomando el tema con el que empezamos esta conversación, he subrayado lo importante que es enfrentarse con tiempo a la muerte, a esta «experiencia». Usted ha dicho que podríamos incluso considerarla como fascinadora… Si la afrontamos preparados, podría revelarse no sé si fascinadora, pero sí constructiva… en el sentido de que nos preparará para un mejor renacimiento. Pero si, en cambio, la muerte nos sorprende desprevenidos, de repente, entonces podrá ser también una experiencia terrible… Las visiones que encontraremos durante el *Pardo* podrán aterrorizarnos y todo el sucesivo renacimiento podrá estar marcado negativamente por estas experiencias. Por lo tanto, es de especial importancia prepararse para el momento de la muerte… comprender bien lo que es y lo que realmente significa… sobre todo, lo repito una vez más, porque es realmente importante entenderlo. Debemos experimentar el proceso de la muerte durante nuestras meditaciones… debemos «morir» centenares de veces durante nuestra vida a través de la práctica, para lograr hacerlo conscientemente cuando ese momento llegue de verdad. Es un adiestramiento difícil que precisa de abnegación, empeño y constancia y, justamente por esto, debemos iniciarlo lo antes posible, cuando todavía tengamos mucho tiempo por delante.

—Entonces, si queremos comprender el sentido de la vida, ¿tenemos que comprender primero el sentido de la muerte?

—Creo que descubrir realmente el sentido de la vida quiere decir intentar obtener un estado completamente libre de la enfermedad, del sufrimiento y de la caducidad... un estado de absoluta liberación y totalidad. Para alcanzar esto debemos comprender muchas cosas y, ante todo, qué representa la muerte... qué es efectivamente y cómo podemos vivirla de la mejor manera posible.

El encuentro entre Oriente y Occidente

–*La invasión china del Tíbet, en los años cincuenta, destruyó una sociedad y un mundo que se habían mantenido milagrosamente intactos casi hasta las puertas del tercer milenio. Pero la ocupación china, entre las muchas tragedias que causó, produjo también un resultado positivo: la difusión de la espiritualidad tibetana mucho más allá de las fronteras del País de las Nieves. La presencia de un número tan grande de lamas y yogis tibetanos en el exilio indio, hizo posible que Occidente se aproximara con relativa facilidad a los poseedores de una enseñanza que antes era casi inaccesible. ¿Cómo juzga el encuentro entre Occidente y el budismo* Vajrayana *y, en especial, el encuentro entre Oriente y Occidente, que con mayor intensidad se está desarrollando desde hace por lo menos cuatro decenios?*

–De hecho, antes de la invasión china, el Tíbet era un país bastante aislado por propia elección. Personalmente creo que fue un error aislarnos de esa manera… quizá si hubiésemos seguido una política diferente habríamos tenido más posibilidades de hacer frente a la amenaza china. Desde el punto de vista de la difusión y el conocimiento del budismo *Vajrayana*, la situación ha cambiado de forma radical en los últimos treinta años. Como usted ha recordado, la presencia de un elevado número de grandes maestros espirituales tibetanos en la India y en el Nepal ha permitido a grupos bastante numerosos de occidentales, la mayor parte jóvenes, poder entrar en contacto con los auténticos poseedores de la espiritualidad del Tíbet.

Decenas de miles de chicos y chicas occidentales que llegaron a la India y al Nepal en los años sesenta y setenta, pudieron acercarse a lamas de altísimo linaje que, quizá por primera vez en su vida, se encontraban con estudiantes no tibetanos. Creo que en aquellos años se inició un intercambio provechoso entre la civilización tibetana y Occidente...

–*¿Provechoso sobre todo para Occidente?*
–No sólo para Occidente... para nosotros los tibetanos también ha sido importante. Pienso que la excesiva cerrazón fue uno de los aspectos negativos del viejo Tíbet, y el encuentro con el mundo moderno, con Occidente, que comenzó casi inmediatamente después de nuestra llegada a la India, fue muy importante para nosotros. Nos permitió comprender muchas cosas que antes se nos escapaban...

–*¿Cuáles en particular?*
–Varias... por ejemplo, la complejidad del funcionamiento del mundo contemporáneo... La importancia de algunas conquistas de la tecnología... Ha sido ciertamente importante el encuentro con los ideales y el hábito de la democracia...

–*Bueno, esto ocurrió también gracias a la India, que dio amparo a la mayor parte de los refugiados tibetanos...*

–Sin duda… la India, la mayor democracia del mundo, nos acogió con gran simpatía y afecto… y desde el principio pudimos ver qué significaba vivir en un país democrático… cómo funciona un país democrático. Pero no hay que olvidar que numerosos aspectos del sistema democrático, y diría de la cultura democrática hindú, deben mucho a un concepto de democracia que es indudablemente de origen occidental. Ésta y otras cosas más las hemos aprendido de Occidente… y creo que hoy, después de más de treinta años del inicio de este encuentro, nosotros los tibetanos somos más ricos.

–¿Y Occidente? ¿Qué piensa que ha recibido de la civilización tibetana?

–Ante todo la espiritualidad. El mundo tibetano ha manifestado desde siempre un interés muy profundo por la búsqueda interior, por el conocimiento religioso. Podemos decir que los monasterios del Tíbet eran verdaderas universidades espirituales que licenciaban estudiantes que habían transcurrido durante decenios en el estudio y en la práctica espiritual.

En el Tíbet tradicional hubo miles de meditadores, de *yogis*, de practicantes, tanto monjes como laicos, que dedicaban toda su existencia al conocimiento interior, al estudio de la filosofía y la psicología budistas. Creo que estas personas constituyen uno de los patrimonios más valiosos de la herencia cultural de Asia… En el Tíbet, para los occidentales, era bastante difícil, casi imposible, encontrar a estos maestros, pero apenas los extranjeros llegaron a la India ha sido mucho más sencillo estudiar con ellos. Creo que la posibilidad de recibir directamente de lamas tan importantes la transmisión de las enseñanzas fue muy beneficiosa para aquellos occidentales que habían emprendido viaje hasta la India en busca de las nuevas dimensiones del espíritu...

—Y pensar que para la mayor parte de ellos, especialmente para los que llegaron a la India y al Nepal en los años setenta, al principio Oriente significaba la posibilidad de practicar, con relativa libertad, un estilo de vida inconformista, más que seguir con empeño y coherencia un camino religioso...

—Así fue... pero como usted ve, ¡la ley del karma sigue senderos indescifrables! (se ríe). Con la invasión china los tibetanos lo perdimos todo... nuestra civilización fue casi destruida en el techo del mundo... Sin embargo, precisamente a causa de estas destrucciones, se ha difundido en muchas otras áreas de este planeta. Los occidentales que llegaron hasta aquí para ser «hippies», para practicar un estilo de vida, cómo decirlo, bastante salvaje, encontraron algunos lamas que, a menudo, transformaron completamente la forma de vivir de sus discípulos occidentales. Y, después, más recientemente, ha nacido un interés notable por toda la situación tibetana... no sólo por su espiritualidad, sino también por las artes, el teatro, la medicina... por la propia condición política del Tíbet.

Tengo la impresión de que en Occidente, con el paso de los años, el interés por la civilización tibetana, a todos los niveles, tiende a aumentar más que a disminuir... y este hecho, obviamente, me gusta mucho.

—*¿Entonces no parece tratarse de una moda?*

—De ninguna manera, creo que... las modas son efímeras... duran una temporada o poco más y después pasan... se olvidan completamente. Mire, hay casos de occidentales que estudian y practican el budismo *Vajrayana* desde hace más de veinte años... Varios practicaron los tradicionales retiros espirituales de tres años... alguno consiguió el diploma de *geshe*, uno de los títulos de estudio budista más difícil de obtener. Incluso, se han dado casos de practicantes occidentales que se volvieron ellos mismos lamas y que llegaron a dirigir centros budistas... Por lo tanto, no creo en absoluto que se pueda hablar de moda; más bien me parece que nos hallamos frente a un interés muy serio. Para algunos se tratará también de moda... es posible, pero, en general, creo que el encuentro de Occidente con el Tíbet se basa en un auténtico interés.

—*Y hablando más en general, no sólo el Tíbet despierta este interés, sino casi todo el Oriente tradicional y religioso: la India, Japón, el Sudeste asiático...*

—Es verdad... a veces parece que los occidentales están más interesados que los orientales en los aspectos espirituales de las culturas asiáticas. Ver a tantos occidentales, sobre todo jóvenes, que estudian las religiones y las filosofías orientales, me hace pensar en aquellos jóvenes asiáticos que, en cambio, parecen haber olvidado completamente sus propias culturas...

—*Kipling dijo: «El Oriente es el Oriente, el Occidente es el Occidente y no se encontrarán jamás»...*

–Pues se encontraron… Por ahora es pronto para saber cómo acabará este encuentro… Pienso que podremos juzgarlo en un período de tiempo mucho más amplio. Pero, ciertamente, ha habido un encuentro y me parece que, en conjunto, los frutos han sido más positivos que negativos. Lo que importa es mantener la medida… evitar las exacerbaciones que nunca podrán ser la base de un auténtico encuentro…

–*¿Es decir?*

–Que por más que nos podamos interesar por otra cultura, por otra civilización, no debemos olvidarnos jamás de nuestra procedencia. Con esto no quiero decir que no sea posible para un japonés, un coreano o un tibetano abrazar comportamientos y mentalidades occidentales, o que un europeo o un americano practique las religiones orientales… pero deberán tener presente siempre, tanto unos como otros, que habrán de adaptarse… superar dificultades. Es posible, pero hará falta tiempo para modificar las mentalidades sedimentadas.

–*Hay incluso quienes no lo creen posible… quien piensa que no es posible abandonar los propios códigos culturales para abrazar los de otra tradición.*

–Éste es un aspecto bastante delicado. Si seguimos la historia de las religiones es evidente que la gran mayoría de ellas se desarrollaron mucho más allá de las fronteras del lugar donde nacieron. Piense en el Islam… que está presente en casi todo el mundo aun habiendo nacido en la península árabe. O en el cristianismo… o tomemos en consideración el budismo. A pesar de haber nacido y crecido en la India, se ha difundido en naciones completamente distintas de la India y, es más, hoy en día, en este país casi ha desaparecido… mientras que es la religión principal del Tíbet y de muchos otros estados asiáticos.

—Más allá de las tradiciones religiosas, vemos hoy que filosofías y sistemas político-económicos occidentales, por ejemplo el comunismo y el capitalismo, gobiernan porciones del mundo que se extienden mucho más allá de Occidente… Pensemos en China…

—Exactamente… por lo que es evidente que religiones y estilos de vida pueden llegar a un país desde fuera y volverse parte de la cultura de una determinada nación y arraigarse más que las religiones y estilos de vida autóctonos. Es el caso del Tíbet… El budismo llegado de la India ha impregnado completamente nuestra cultura y nuestra civilización. Pero debemos añadir que estos procesos de cambio necesitan largos períodos de tiempo. Si queremos continuar con el ejemplo tibetano, podemos notar cómo el *Buddhadharma* tuvo que emplear más de tres siglos antes de enraizar en el Tíbet. Y no es sólo una cuestión de tiempo… hay todo un proceso de asimilación de las culturas preexistentes que debemos tener en cuenta…

Hay algunos aspectos de la civilización, en los que una religión o un modo de pensar se difunden, que tienen que ser considerados y, en cierta medida, asimilados. Al inicio de esta conversación hemos dicho que es mejor no hablar de budismo tibetano, porque no estamos ante una forma de *Buddhadharma* distinta de aquella enseñada por el iluminado… pero diciendo esto me refería al corazón de la espiritualidad budista… a las enseñanzas esenciales. Es evidente que respecto a los aspectos exteriores, varios elementos de la antigua civilización tibetana fueron adquiridos... Este argumento no vale sólo para el Tíbet, sino para todos los países donde el budismo se ha difundido... Japón, China, Corea...

–¿Es previsible un proceso análogo de asimilación para el budismo que se está difundiendo en Occidente? ¿Tendremos que hablar entonces de un budismo occidental?

–Es obvio que este argumento sirve también para la difusión del budismo en Occidente. Ciertamente deberán tener lugar algunas adaptaciones y asimilaciones y pienso que ya están ocurriendo. Quizá tendremos que distinguir entre lo que está ocurriendo y ocurrirá en Europa, y lo que está ocurriendo y ocurrirá en América del Norte... porque entre estas dos sociedades hay diferencias significativas...

–Dalai, hace muchos años, con exactitud en 1981, durante la primera entrevista que le hice, hablamos largo y tendido de los motivos que pueden impulsar a un occidental a practicar el budismo Vajrayana. Usted me dijo que creía que había fundamentalmente dos razones en este interés: por un lado la riqueza y complejidad del bagaje simbólico-ritual del Vajrayana, por el otro la profundidad de su análisis psicológico y filosófico. Hoy, después de más de quince años de aquella respuesta, ¿es capaz de confirmarla?

–Diría que sí... Es obvio que los motivos por los cuales una determinada persona decide seguir el camino del budismo *Vajrayana* pueden ser totalmente distintos y variar de individuo a individuo. Pero me parece ver, cómo decirlo, dos grandes áreas de interés... precisamente aquéllas que mencioné entonces. Hay quien se siente atraído por la notable riqueza de los ceremoniales tántricos. Tal vez este tipo de personas, al principio, no es completamente consciente de todo el discurso simbólico y psicológico, del que los rituales son la expresión manifiesta. Si empiezan a recorrer el sendero lo descubrirán más tarde y, quizá, será para ellos una sorpresa. Al inicio, sin embargo, hay algo en esos ceremoniales, en esas oraciones, en esos sonidos, en esos gestos, que los atrae, los captura...

—Con todo el respeto, Dalai, ¿es posible que les hipnotice?

–¡Tal vez! (se ríe). Pero aunque al principio puede tratarse de «hipnosis», más adelante, si su motivación es sincera, esta hipnosis puede transformarse en una buena práctica. Por cierto, en esta clase de interés existe el riesgo del exotismo, de la fascinación por la novedad... como la emoción de formar parte de algo misterioso, mágico. Pero si, además de estas primeras sensaciones, hay un interés sincero... un auténtico deseo de practicar, de cambiar... entonces, creo que la inicial hipnosis puede lograr un resultado positivo.

Ciertamente un gran número de occidentales parece estar interesado en el aspecto ritual del budismo tántrico y también en obtener beneficios asistiendo y participando en ceremoniales e iniciaciones tántricas.

—Aunque, a veces, existe la impresión de que alguien tenga cierta tendencia a coleccionar estas iniciaciones...

–Es posible... De todos modos, yo desaconsejo recibir muchas iniciaciones a quienes no tienen intención de dedicar una parte considerable de su jornada a la práctica espiritual...

–*¿Por qué?*
–Porque cada iniciación contiene obligaciones, prácticas y meditaciones particulares. Por lo tanto, a menos que uno no tenga verdaderamente la intención de dedicar buena parte de su jornada a estas obligaciones, será mejor abstenerse. Es mucho mejor haber recibido una o dos iniciaciones y poner en práctica seriamente lo que éstas requieren, que haber recibido una notable cantidad de ellas y no practicarlas... La iniciación no es, a excepción del *Kalachakra* y por los motivos que hemos visto, una suerte de bendición... es un aspecto muy preciso de la práctica espiritual y debiera ser tomada muy en serio. Si alguien recibe iniciaciones con un espíritu de «coleccionista», no cumple acciones meritorias desde el punto de vista espiritual.

–*El aspecto psicológico y filosófico del budismo, en cambio, ¿a quién atrae?*
–Éste es el otro gran grupo de personas que se sienten atraídas por el *Buddhadharma*... a menudo se trata de intelectuales, psicólogos, profesores, investigadores científicos... todas aquellas personas que tienen un gran interés por la psicología, por las actividades mentales, por el estudio de la conciencia, la filosofía, la lógica... Se trata de personas que están interesadas especialmente en conocer cómo funciona la mente, en averiguar la dinámica del subconsciente. Un grupo para el

que la psicología y el psicoanálisis de Occidente no son suficientes y quieren vincular el estudio del «Yo», del subconsciente, a una dimensión espiritual. A este tipo de personas, el budismo les ofrece considerables motivos de interés... les permite investigar en diferentes direcciones y con resultados satisfactorios. Al menos ésta es mi impresión. Por lo tanto, como verá, ¡después de quince años no he cambiado de idea! De cualquier modo, me parece que, sean cuáles sean los elementos de mayor arraigo, la causa de este interés hacia el budismo es una situación de profundo malestar...

–¿Qué tipo de malestar?
–Mire, la gente experimenta un gran sufrimiento. La sociedad moderna ha inventado muchas cosas que ayudan enormemente a vivir desde el punto de vista material. Indudablemente, bajo este aspecto, la calidad de vida ha aumentado ostensiblemente en los últimos sesenta o setenta años. Desgraciadamente, estas mejoras materiales no han conllevado un análogo bienestar espiritual e interior. Es más, a veces parece que cuanto mayor es el progreso material, mayor es el malestar interior... Es extraño, pero sucede precisamente así. No es por casualidad que los movimientos de protesta, tanto culturales como políticos, tienden a nacer y difundirse en las sociedades más desarrolladas bajo el perfil económico. Existe entonces una especie de exigencia de equilibrio entre la dimensión material y la espiritual. Una fuerte desarmonía entre ellas es causa de profundo sufrimiento e insatisfacción. El budismo, con su filosofía de la «vía intermedia» entre los extremos del materialismo y el ascetismo exasperados, puede ser una buena res-

puesta a esta exigencia. Por lo que a mí se refiere, animo siempre a las personas para que sigan una vía intermedia… Creo que es legítimo utilizar las comodidades que la moderna tecnología pone a disposición de la humanidad. En particular creo que es justo, también bajo el perfil ético, que las máquinas puedan hoy en día desempeñar muchos trabajos perjudiciales y peligrosos para los trabajadores y las trabajadoras. Éste es ciertamente un aspecto positivo que debemos agradecer al mundo moderno.

Pero las mejoras de las condiciones materiales de vida no bastan… tienen que estar vinculadas al conocimiento interior, a la riqueza de la práctica espiritual. A fin de cuentas, el origen del verdadero sufrimiento está dentro de nosotros y sólo nosotros lograremos enfrentarlo y eliminarlo. Éste es un buen ámbito para ver los efectos positivos del encuentro entre Oriente y Occidente… Occidente puede facilitar a la humanidad una serie de conquistas materiales como jamás había sucedido en la historia de la humanidad. La moderna tecnología ha permitido mejoras en las condiciones materiales de vida que eran del todo impensables hasta hace pocos años. Oriente, al contrario, se ha quedado atrás en este aspecto, pero parece haber conservado mejor su tradición espiritual… y, por lo tanto, un intercambio recíproco aportará notables beneficios a ambos.

–Entre las religiones orientales me parece que el budismo es más receptivo desde este punto de vista… precisamente por su innata tolerancia y su natural extrañeza hacia cualquier forma de dogmatismo o integrismo…

–Ciertamente... en la enseñanza de Buda Sakyamuni, y de todos los grandes maestros que en el curso de los siglos la han preservado, se subraya siempre la importancia de una mentalidad dispuesta, tolerante, abierta al diálogo. De este modo, es natural para los budistas enfrentarse y dialogar con otras formas de pensamiento y estilos de vida... y también es natural aceptar, desde fuera, todas las cosas favorables y positivas que podamos encontrar. Volviendo a los motivos que impulsan a los occidentales a interesarse por el budismo... hemos omitido uno que juzgo de gran interés...

–*¿Cuál?*

–La práctica del altruismo y la compasión que, sobre todo en el *Mahayana-Vajrayana*, cubre un aspecto de absoluta importancia. Cuando me encuentro con occidentales que vienen a escuchar mis discursos o mis enseñanzas, veo que la gran mayoría también está animada por una sincera voluntad de practicar el altruismo y la compasión... y no sólo hacia los otros seres humanos, sino hacia todos los seres vivos... hacia el mundo animal y vegetal. Creo que la motivación del *bodhisattva* de alcanzar la iluminación en beneficio de todos los seres es muy apreciada hoy en día por una parte significativa de la opinión pública occidental.

–*De los varios aspectos positivos del encuentro entre Oriente y Occidente, hay uno que, en cambio, me parece bastante peligroso. Me refiero a la tendencia de algunos occidentales a establecer una relación de absoluta dependencia con el gurú y, a menudo, a aceptar como maestros espirituales a individuos, como mínimo, discutibles… A veces parece que una persona, por el solo hecho de ser oriental, posea quién sabe qué dotes espirituales… y, en cambio, varios de estos gurús no son más que unos charlatanes…*

—Se trata de dos problemas distintos, pero que pueden también coincidir. Desde el punto de vista budista, ya lo hemos mencionado, no debería existir ninguna forma de dependencia en la relación con el lama. Al contrario, la enseñanza del verdadero maestro espiritual sería la que permitiera a su discípulo progresar por sus propios medios, hasta volverse él mismo un maestro. La devoción y el profundo respeto que se deben sentir hacia el lama, nada tienen que ver con una dependencia psicológica o afectiva. Sé que, a veces, éste es un problema que se da en las relaciones entre maestros orientales y discípulos occidentales. En algunos casos, esto ocurre sin la mínima voluntad por parte del lama de que sea así. De todos modos, creo que el verdadero maestro espiritual es capaz de guiar a sus discípulos a lo largo del camino de la confianza y del respeto positivos, los cuales son un factor de crecimiento para el estudiante.

—¿De qué manera, Dalai?

—Primero despertando en el discípulo la confianza en sí mismo, en sus propios medios intelectuales, y recordándole que todos nosotros poseemos, de forma innata, el potencial de la iluminación. Es muy importante que el estudiante, mediante la relación con su maestro y con la enseñanza, se dé cuenta del inmenso potencial que existe dentro de todos nosotros, pero sin caer en manos del egoísmo y la soberbia. En este aspecto son muy importantes las técnicas de meditación y visualización. Además, el maestro debería recordar siempre al discípulo que la devoción y la confianza no se dirigen hacia su figura, sino a la enseñanza que, a través del lama, puede transmitirse y perpetuarse... Y, por último, pienso que es bueno que el lama sea lo más simple y compasivo posible, que evite actitudes que puedan parecer altivas y soberbias... comportamientos que pueden provocar en el discípulo una actitud sumisa y de dependencia psicológica.

–*¿Y en el caso de esos «maestros» que se aprovechan conscientemente de la ingenuidad y la buena fe de sus discípulos?*

–Es obvio que cuantos actúan de esta manera no se pueden considerar maestros espirituales, aunque tengan miles de estudiantes. Pero, en estos casos, hay poco que hacer... Desgraciadamente, parece que quienes siguen a este tipo de personas están predispuestas al embaucamiento y es muy difícil hacerlos razonar.

–*Otro aspecto importante del encuentro entre Oriente y Occidente parece manifestarse en la posibilidad de investigar, a través de la tecnología científica, particulares estados mentales, tanto durante como después, de las sesiones de meditación...*

–Éste es un tema que podríamos tratar más detalladamente cuando hablemos de las relaciones entre budismo y ciencia.

Budismo y ciencia

—*Veamos entonces cuáles son las relaciones entre budismo y ciencia…*

—Éste es un asunto por el que tengo particular interés. Como usted sabe, en estos últimos años, he tenido el placer de encontrarme algunas veces con grupos de investigadores pertenecientes a varias disciplinas científicas, y estos encuentros han sido siempre muy interesantes y provechosos. Por lo menos para mí, ¡no sé si para ellos! (se ríe). Creo que un mayor conocimiento recíproco entre la filosofía oriental, en particular el budismo, y la ciencia occidental puede producir resultados significativos. Como ya he dicho, la ciencia y las tecnologías modernas han provocado cambios muy positivos en la sociedad. Al mismo tiempo, sin embargo, también hemos visto crecer neurosis, ansiedad y sufrimiento. Por lo tanto, nuestro trabajo debería consistir en ayudar a los seres humanos a armonizar conjuntamente el desarrollo científico y el equilibrio interior. A menudo, estos dos aspectos se ven muy lejanos o incluso antitéticos… algunos creen que son ámbitos incompatibles entre sí. En cambio, mi opinión es completamente distinta y he podido constatar personalmente que son cada vez más los científicos que, precisamente gracias a los éxitos obtenidos en sus respectivas áreas de investigación, se hacen preguntas de carácter, digamos, existencial, filosófico… Algunos afirman abiertamente que se sienten atraídos por la investigación espiritual, como si fuera una continuación natural del cumplimiento de su trabajo científico. El hecho de poder hablar directamente y, en algunas ocasiones, incluso durante largo tiempo, con algunos científicos ha sido para mí fuente de gran inspiración… Durante estas conversaciones he tenido siempre la impresión de que estábamos haciendo algo importante.

—¿Cuál ha sido el tema más debatido durante estos encuentros?
—Hemos examinado realmente muchos temas, pero uno de mis preferidos se refería a la mente. En calidad de monje budista, creo que es muy interesante conocer lo que la ciencia piensa respecto a la mente: cómo funciona y qué relaciones existen entre la mente y el cerebro. Yo hice muchas preguntas, pero también los científicos quisieron que les explicara cómo las diferentes escuelas budistas entienden la mente. Otro tema de conversación sobre el que nos extendimos se refería a las relaciones entre la mente y el sistema nervioso.

—¿Las posiciones budistas son conciliables con las opiniones de los científicos?
—Obviamente depende del científico… y depende también del ámbito científico en el que trabaje. Con algunos, como por ejemplo el biólogo Francisco Varela, tenemos muchos puntos en común… con otros, las posiciones son más distantes. Pero lo que importa no es estar necesariamente de acuerdo, sino poder discutir juntos, poder compartir nuestras ideas y, sobre todo, nuestras experiencias… inclu-

so las más dispares. En octubre de 1987, por ejemplo, cuando por primera vez un pequeño grupo de científicos vino a visitarme a Dharamsala, fue de verdad interesante discutir sobre la influencia del ambiente y del patrimonio genético en el desarrollo de la personalidad humana.

–¿Y cuál es su idea?
–Yo creo que, en este aspecto, el budismo y, en modo particular, el budismo *Mahayana*, está muy próximo a la orientación científica...

–¿Cuál es?
–Según lo que me dijeron los científicos, durante un largo período se creyó que todo, o casi todo, dependía de factores genéticos. En cambio, después, prevaleció la opinión opuesta: que el ambiente era responsable de la gran mayoría de los comportamientos humanos. Hoy parece que están en auge algunas teorías genéticas... pero si he comprendido bien, la posición actual de la mayoría de los científicos juzga que los factores genéticos y hereditarios interaccionan con los ambientales... en otras palabras, que hay una estrecha relación entre ambos y que no se puede decir que todo depende más de un factor que de otro. Esto es lo que también afirma el budismo, cuando habla del peso del karma pasado, pero también de la posibilidad de modificarlo con las acciones presentes... y cuando, en el ámbito específicamente tibetano, se insiste tanto sobre la educación de los *tulku*. Los *tulku* recuerdan ciertamente sus vidas pasadas, son portadores de un notable patrimonio espiritual, pero para poderlo activar es necesario

llevar a cabo la mejor educación posible. Es decir, una suerte de equilibrio entre la herencia genética, kármica, espiritual o como queramos llamarla, y las condiciones ambientales, concretas, que pueden activarla o hacerla brotar. En todo caso, por encima de los temas concretos de los que he tratado en mis encuentros con los científicos, lo que sobresale es el formidable y recíproco interés en confrontarse y conocerse.

—Muchos exponentes o representantes del mundo científico son ateos… Dalai, ¿usted cree que la posición del budismo, que no postula ningún principio creador, puede haber facilitado el encuentro con el mundo científico?

—Tuve esta impresión… Creo que habría estado menos de acuerdo con muchos de los científicos con los que me he encontrado, si el budismo postulara la existencia de un Dios creador del universo. Al contrario, creo que la idea de un universo que atraviesa diferentes fases, pero que no conoce un verdadero inicio y un verdadero final, es más comprensible para el mundo científico que aquélla de un mundo obra de un único Dios creador.

—Otro concepto del budismo que parece suscitar un fuerte interés en el mundo científico es el de «vacuidad»…

—En efecto, la idea budista de la vacuidad ha surgido varias veces en mis conversaciones con grupos de científicos. Y también en este caso he tenido la impresión de que se trataba de un concepto, en cierto modo, comprensible para una mentalidad científica.

–*Más allá de la idea misma de vacuidad, quizá sea el método con el que el budismo investiga este concepto lo que logra encontrar correspondencias con la investigación científica. De hecho, se trata de un método extremadamente analítico, racional...*

–En efecto, ¿en qué modo el budismo llega a la conclusión de que la vacuidad es la verdadera naturaleza de la realidad? Analizando atenta y minuciosamente la naturaleza última de la realidad, la filosofía budista llegó a la conclusión de que los fenómenos, cualquier fenómeno, están exentos de naturaleza propia.

–*¿En el sentido de que no poseen unas cualidades propias que lo formen?*

–Exactamente, y lo podemos entender bien por el hecho de que si deseamos captar la esencia de la materia de cualquier objeto, cuanto más intentemos buscarla no la hallaremos... es literalmente imposible de encontrar... no está, no existe. Por eso la filosofía budista afirma que los fenómenos están faltos de naturaleza inherente. Mire, a primera vista puede parecer extraño. Usted ve esta pared, esta silla, esta mesa... parece todo tan claro, sólido, casi obvio. Pero no es así... Al contrario, si analizamos realmente a fondo las cosas, más allá de las apariencias, podemos notar que no existen como parecen existir. No es un juego de palabras, sino la efectiva realidad... Hay una profunda diferencia entre cómo se nos presentan las cosas y cómo son efectivamente. Por ejemplo, usted está grabando nuestras conversaciones con una grabadora. Este aparato parece ser profundamente concreto, real. Y, en cierto sentido, así es... hasta consigue capturar los sonidos de nuestras palabras y pasarlos a una cinta, de modo que podamos volverlos a escuchar infinidad de veces… de modo que puedan escucharlos personas distantes miles de kilómetros de aquí, ¡y quién sabe durante cuántos años más! Bien, todo esto es real, extremadamente real. Pero si examinamos más a fondo esta grabadora y queremos captar su esencia última, no la hallaremos. No es el micrófono, ni los cabezales de grabación, no es la envoltura dentro de la cual se encuentra el mecanismo que permite a las otras partes funcionar. Entonces, analizándola bien, deberíamos deducir que esta grabadora no existe… no en el sentido de que no sea real, que es nuestro sueño común… sino en el sentido de que no posee una esencia última propia. Existe en la medida en que las diferentes partes que la componen interaccionan las unas con las otras… Si esta recíproca interacción termina, la grabadora deja de existir en el sentido de que no graba más. Pues bien, éste es el modo de investigar las cosas del budismo, un modo extremadamente analítico y racional, que probablemente tiene algunos puntos de contacto y afinidades con el método científico.

–*Bien mirado, podríamos quizá concluir que, a fin de cuentas, también las teorías hereditarias y las del karma parecen moverse en terrenos análogos…*

–No me parecen del todo incompatibles. La biología afirma que determinados aspectos del carácter de las personas pueden deberse a herencias genéticas. La teoría del karma puede aceptar perfectamente esto… de hecho, si yo he heredado unas particulares características genéticas de mi padre o de mi madre, surge enseguida la pregunta:

¿por qué mi consciencia se reencarnó precisamente en aquel particular organismo generado por aquellos particulares padres?

–¿*A causa de su karma?*

–Sí... justamente a causa del karma... del karma acumulado en las anteriores existencias, que puso en movimiento un mecanismo que llevó a esa determinada consciencia a entrar en ese determinado útero, donde se unieron el espermatozoide y el óvulo de aquellos determinados padres.

–*Y podríamos hallar interesantes analogías también entre la ley del karma y la mismísima teoría de la evolución...*

–Aquí el terreno es más peligroso... es más complicado hallar analogías y diferencias, porque incluso los propios científicos no siempre ven la evolución de la misma manera. De todos modos es un tema fascinante y complejo, y espero que budistas y científicos logren llevarlo adelante durante los próximos años... El cerebro, los genes, todo el sistema biológico... ¿cuáles son las condiciones científicas que permitieron que la inteligencia existiera en esta vida? ¿Y cómo puede haber interferido el karma en el desarrollo de la inteligencia? Nos encontramos en un ámbito muy sutil... y yo siento que los aspectos particulares de las acciones kármicas y sus resultados efectivos... que la comprensión de cómo funciona todo esto está más allá de la comprensión ordinaria.

–*Dalai, ¿usted cree que es posible estudiar mediante la tecnología científica lo que ocurre en las mentes y en los cuerpos de los medita-*

dores avanzados, durante sus sesiones? ¿Y juzga esto como un hecho positivo?

–Ciertamente es posible, dado que estudios de este tipo ya se están efectuando en algunas universidades estadounidenses y, tal vez, también en otros centros de investigación científica. Entre otras cosas, parece que los resultados obtenidos son bastante interesantes para el conocimiento de la psique y de los propios procesos meditativos. Usted me pregunta si juzgo positivos estos estudios... ¿por qué no? Todo lo que aumenta el conocimiento de nosotros mismos es positivo... entonces, también estas investigaciones lo son. Por ejemplo, durante mis conversaciones con los científicos hablamos largo y tendido del concepto del yo... especialmente de cómo el budismo concibe el yo... de cómo está sujeto a un continuo cambio aun manteniendo una cierta continuidad con el pasado. Sobre este asunto hemos hablado y nos hemos medido mucho... Al final nuestros recíprocos conocimientos se han enriquecido enormemente.

–Dalai, ¿podría hablarnos brevemente de ello?

–Discutimos sobre las diferencias entre el concepto budista del yo y el de «alma»... A algunos científicos les resultaba particularmente difícil comprender lo que nosotros entendemos cuando postulamos un yo que permanece igual a pesar del cambio continuo. Y yo les expliqué que el budismo habla de un yo que es una única entidad, una misma entidad que cambia continuamente... se produce, al mismo tiempo, una continuidad y un cambio. Al final, los científicos comprendieron cómo para el budismo el yo permanece igual, de la misma manera que, para la ciencia, un cuerpo es el mismo aunque en el curso de los años todas sus moléculas hayan cambiado.

—Dalai, ¿proseguirá este diálogo entre el Dalai Lama y el mundo científico?

—¡Naturalmente! Porque, como he dicho antes, para mí es muy importante enfrentarme con otros puntos de vista... con otras experiencias... verificar qué tenemos en común y en qué diferimos. No sé si tendré tiempo suficiente para hacerlo, pero me encantaría organizar también un encuentro entre eruditos budistas, sobre todo entre aquéllos que son más conservadores y ortodoxos, y discutir con ellos mi punto de vista respecto a la actitud que debería tener un erudito budista contemporáneo... especialmente en lo que a descubrimientos científicos se refiere, y que pueden contradecir ciertas afirmaciones contenidas en algunos textos tradicionales.

—¿Es decir?

—Yo creo que es totalmente compatible con la actitud general del budismo el hecho de rechazar algunas interpretaciones literales de los textos, cuando éstas han sido contradichas a lo largo de los siglos por los descubrimientos científicos. Por ejemplo, si nosotros aceptamos la interpretación literal del *Abhidharma*, deberíamos aceptar también la afirmación de que la tierra es plana. Sin embargo, sabemos que no es así... Por lo tanto, la correcta actitud budista respecto a este género de situaciones, es la de tomar nota de lo que se ha descubierto a través de la experiencia directa del mundo.

—Dalai, ¿me está usted diciendo que es más budista el hecho de aceptar la experiencia concreta de la realidad que la lectura meramente literal de los textos tradicionales?

—Sí, eso es... Creo que la actitud fundamental del budismo es la apertura mental, el análisis de la realidad sin prejuicios, el conocimiento de los fenómenos y de cómo actúan éstos. Cuando nuestro análisis nos muestra que la realidad es diferente a la interpretación literal de un texto, como en el ejemplo anterior, el modo auténtico de ser budista es el de tomar nota de ello. Dicho esto, tengo que añadir que me he encontrado en esta situación sólo en poquísimos casos.

El diálogo entre las religiones y el futuro del mundo

—Dalai, el mensaje del budismo en general, y el suyo en particular, habla de tolerancia, compasión, apertura al diálogo. Lamentablemente, la historia de las relaciones entre las religiones no ha estado siempre marcada por estos valores. Hoy la situación, afortunadamente, ha cambiado, pero aún podemos ver que en varias regiones de nuestro planeta los sentimientos de odio, de violencia y de intolerancia se expresan a menudo en nombre de la religión…

—Es verdad y se trata de una tragedia… Para cada ser humano que sigue un camino espiritual, ver que sentimientos de intolerancia y de violencia se ponen en práctica en nombre de un ideal religioso es una tragedia. Como usted ha recordado, mi actitud es completamente diferente. Yo creo que las religiones, todas las religiones, no sólo el budismo o las religiones orientales, son portadoras de un mensaje de liberación de los seres humanos… que todos los maestros espirituales desean mejorar la condición de quienes habitan este mundo. Por lo tanto, todas son válidas…

—Pero los lenguajes son muy distintos… a veces, incluso antitéticos…
—Mire, las diferencias entre las diversas religiones son múltiples. Si nos detuviésemos solamente ante las proclamaciones doctrinarias, no

saldríamos nunca de un verdadero laberinto de puntos de vista, de concepciones del mundo, de formas de concebir la experiencia espiritual. Es cierto, existen grandes diferencias teológicas y metafísicas, pero permanecer bloqueados ante estas diferencias sería sólo intelectualismo miope. En realidad no es ésta la cuestión…

–*¿Cuál es entonces?*
–La cuestión es que son los seres humanos los que tienen múltiples diferencias. Lo hemos visto también en el budismo… Buda Sakyamuni ofreció enseñanzas diferentes a los distintos oyentes… según la predisposición de éstos utilizaba un particular tipo de enseñanza. ¡Hay tantas escuelas dentro del propio budismo! ¡Tantas escuelas dentro de una única religión! Además, todas ellas, en un principio, se desarrollaron en una determinada área de la India. Por consiguiente, no nos podemos asombrar de que en todo el mundo existan tantas religiones y que, dentro de cada una de ellas, se puedan hallar distintas opiniones. Es normal que exista semejante multiplicidad de caminos. Cada uno de nosotros tiene su actitud personal. Cada uno de nosotros tiene su camino favorito para alcanzar la misma meta.

–*Si me lo permite, Dalai, ¿la meta es realmente la misma para todos? A veces, viendo ciertos integrismos… ciertas formas de superstición o de fanatismo, tengo mis dudas.*
–Mire, puedo entender lo que quiere decir… pero no estoy de acuerdo. Si miramos bien, las necesidades del ser humano son las mismas… siempre las mismas. Todos deseamos evitar el sufrimiento y buscar la

felicidad. Aunque a veces nuestro comportamiento pueda indicar lo contrario, si vamos al fondo de las cosas estaremos de acuerdo en el hecho de que cada mujer y cada hombre de este mundo intenta mejorar su condición. Las religiones, todas las religiones, tratan de responder a estas necesidades. Claro, en determinadas situaciones hay errores... carencias, fanatismos... pero se trata precisamente de errores. Yo creo que el fin último de cada vía religiosa es la elevación del ser humano... su liberación de la esclavitud de la ignorancia y del sufrimiento. Le voy a dar un ejemplo muy banal... que alguien podrá encontrar incluso tonto... pero que a mí me parece que refleja bien la idea que deseo expresar. Todos nosotros... todos los seres vivos, experimentamos el hambre. Es algo relacionado con nuestra condición presente. Comemos, durante algunas horas estamos satisfechos de la comida que hemos ingerido, pero, tarde o temprano, volvemos a estar hambrientos. Es una cosa natural y no hay nada malo en ello. Cuando vamos a un restaurante queremos mitigar el hambre... pero no todos comemos la misma comida. Es más, ni siquiera vamos todos al mismo restaurante. Y cuando estamos sentados delante del menú escogemos el plato, o los platos, que más nos gustan. Alguno de nosotros será vegetariano, algún otro no... veremos lo que nos ofrece ese restaurante y escogeremos de acuerdo con nuestras actitudes. Lo importante es que, cuando nos levantemos de la mesa, estemos satisfechos de la comida ingerida y, sobre todo, que no tengamos más hambre... ¡al menos por un rato! (se ríe). Es un ejemplo banal pero creo que refleja la idea. Con las religiones pasa un poco lo mismo. Todos nosotros deseamos satisfacer el hambre de conocimiento, de espiritualidad... queremos encontrar un sendero que nos conduzca hacia la liberación interior, que nos permita mejorar la calidad de nuestra vida... exactamente como la comida satisface nuestro apetito. Entonces elegimos la religión que mejor parece adaptarse a nosotros... aquélla que utiliza un lenguaje que se adapta más a nuestras aptitudes y capacidades. Yo pienso que la existencia de tantas religiones no es algo negativo... al contrario, es bueno, es una riqueza de la humanidad. Lo importante es entender cuál se adapta a nosotros e intentar seguirla con sinceridad e inteligencia.

—*Entonces quizá no se deberían hacer tantos esfuerzos para tratar de obtener la conversión de los demás a la propia fe religiosa...*

—Lo digo a menudo y seguiré repitiéndolo. No pienso que el budismo sea la mejor de las religiones. No estoy especialmente interesado en la conversión de otra gente al budismo. No me interesa difundir el budismo en detrimento de otras experiencias religiosas. Más bien me esfuerzo en pensar cómo yo, en calidad de monje budista, puedo contribuir a la felicidad de los seres humanos. Por cierto, para mí, como practicante y monje budista, el *Buddhadharma* es la mejor de las religiones. Pero soy muy consciente de que lo que vale para mí no debe necesariamente valer para los demás. Es como con los idiomas... ¿cuántos idiomas tenemos en este planeta? ¿Miles? ¿Decenas de miles? No lo sé... pero ciertamente son muchísimos. Piense que solamente aquí en la India son más de un centenar. Pero los conceptos que expresamos con distintos sonidos son los mismos. Si hablo del amor, aunque me exprese en tibetano, en hindi, en inglés o en castellano, me refiero siempre al mismo concepto. También aquí...

también en este ejemplo... lo importante es tener la posibilidad de expresarse, de poder comunicar lo que se lleva dentro. No tiene mucha importancia el idioma con el que se haga. Y respecto a este propósito quisiera decirle una cosa: en estos años muchos estudiantes occidentales se acercaron al budismo *Vajrayana*. Algunos se empeñaron a fondo también en el estudio de la lengua tibetana para lograr comunicarse directamente con sus maestros y poder estudiar los textos sin el filtro de las traducciones. Esto es positivo porque conlleva una ventaja concreta, especialmente en el caso de que un lama hable sólo tibetano. Pero también hay estudiantes que siguen y practican el budismo sin hablar tibetano... se puede hacer sin problemas... depende sólo del tiempo del que se dispone. Lo que quiero decir es que no hay nada místico en la lengua tibetana, así como en ningún otro idioma. Es un medio que puede resultar útil y, si es así, se utiliza. Lo importante es convertirse en un buen practicante, sabiendo o no el tibetano.

–¿Entonces podríamos decir que las religiones son lenguajes que sirven para dirigir determinados conocimientos interiores hacia la meta de la liberación?

–Cada religión trabaja, con métodos y peculiaridades propios, para disminuir el sufrimiento humano y contribuir a mejorar el mundo. Por lo tanto sí, podríamos definirlas también como lenguajes cuyas diferencias permiten a diversas personas alcanzar la misma meta. Es obvio que algunos de estos lenguajes se asemejan entre sí más que otros...

—Como, por otra parte, las razas y las etnias…

—Claro, hay pueblos que podemos definir, digamos que, como primos, mientras que otros que son muy distintos entre ellos. Así es también para los caminos religiosos. El budismo tiene más puntos en común con el hinduismo que con el Islam, pero los discípulos de estas tres grandes religiones desean las mismas cosas, quieren obtener los mismos resultados.

—Y entre budismo y cristianismo, ¿qué diferencias y qué analogías ve?

—La mayor diferencia entre budismo y cristianismo consiste en la concepción de un dios creador. Todo el horizonte del cristianismo se basa en el concepto de un dios que creó al hombre a su imagen y semejanza. El concepto de Dios y de la obediencia del hombre a Dios, impregna toda la estructura espiritual del cristianismo. El drama de la humanidad se remonta a la desobediencia de los mandamientos de Dios efectuada por la pareja primordial… de hecho, es a causa de este gesto por el que la humanidad fue expulsada del paraíso terrenal. Más tarde, Dios reveló a los hombres, a través del profeta Moisés, sus leyes, los diez mandamientos, a los que cada mujer y cada hombre debían uniformarse… Y aún más tarde, Dios envió a la tierra a su propio hijo, Jesús, para enseñar directamente el buen camino a una humanidad que se había alejado de él. Por lo tanto, la existencia de un dios creador y su estrecha relación con el mundo son los principios fundamentales del sistema de valores espirituales del cristianismo. Hemos visto, en cambio, que para el budismo las cosas son diferentes. El budismo no considera la figura de un dios creador, más bien pone el acento sobre el sufrimiento característico de la condición humana y sobre los medios para lograr primero aliviarlo y, por fin, superarlo definitivamente mediante la iluminación interior. Podríamos decir que el concepto de iluminación es el fundamento de la concepción budista así como el de Dios es el fundamento del cristianismo. Mirando las cosas de esta manera, quizá no podríamos imaginar dos caminos espirituales más distantes. Sin embargo, si vamos más allá de esta constatación general, vemos que hay también muchísimas analogías... profundas semejanzas...

–¿Cuáles son las más importantes?
–La idea cristiana del amor universal es extremadamente parecida, en varios aspectos, a la compasión budista. En cierto sentido, la figura de Jesús que desciende a la tierra adoptando un cuerpo de hombre y que se sacrifica en beneficio de la humanidad, afrontando en calidad de ser humano todos los dolores y sufrimientos propios de esta condición... entiendo incluso el dolor físico sufrido con la violencia de la crucifixión... ¿cómo no ver en esta figura una representación ideal del *bodhisattva* que renuncia a la iluminación permaneciendo en el mundo en beneficio de la humanidad?... también los *bodhisattva* se reencarnan como seres humanos y, como tales, son sometidos a todas las limitaciones de la condición humana. Además, si nos fijamos en la organización monástica de ciertas órdenes contemplativas cristianas y católicas, vemos como la vida cotidiana de los monjes es, desde distintos puntos de vista, muy parecida a la de muchos monasterios tibetanos. Me parece, por ejemplo, que en ambas tradiciones la concepción

global que implica el ideal monástico es la de estar satisfechos... satisfechos mediante una vida simple y plena...

–*Luego, también existe la práctica del celibato...*
–Ciertamente. El celibato es un aspecto importante de la disciplina monástica. Podemos decir que el celibato es una práctica que va contra la propia naturaleza biológica del ser humano. Y es verdad, en cierto sentido. Si nos fijamos en la naturaleza de la sexualidad, del deseo sexual, no podemos negar que éste forma parte de nuestros impulsos biológicos. Además, también está asociado al instinto de reproducción de la especie. Por eso, es verdad que, en ciertos aspectos, la vida monástica va en contra de la naturaleza biológica del organismo. Y, entonces, podría parecer equivocado, negativo. Pero si reflexionamos un momento sobre cuál es la finalidad de este tipo de vida, me refiero al punto de vista de un monje budista, vemos que es el de obtener la iluminación, de trascender los límites de la naturaleza humana para devenir un Buda... Por lo tanto, si nuestro fin es superar los límites de la existencia humana, por consiguiente, también los métodos que usaremos para alcanzarlo deberán tenerlo en cuenta. En mi opinión, la práctica del celibato es uno de los mejores antídotos al apego y al deseo. No puedo obviamente hablar en nombre del monaquismo cristiano, pero que yo sepa, creo que los motivos por los que los monjes cristianos también practican estrictamente el celibato son más o menos similares a los nuestros. Claro que, en su caso, no existe la idea de la iluminación, del nirvana... pero existe el sentimiento de dedicarse enteramente a la vida espiritual, de no tener distracciones en la práctica religiosa...

—*Para alcanzar la iluminación, ¿es indispensable seguir la vía monástica y, por consiguiente, el celibato?*

—No he dicho eso... no quiero decir que en el budismo no sea posible alcanzar el nirvana fuera de la experiencia monástica. Uno puede ser muy buen practicante y alcanzar la iluminación viviendo una existencia laica o, al contrario, puede no alcanzarla en absoluto aunque pase toda su vida aislado en cavernas remotas. Depende de la intensidad de la práctica y de la pureza de la motivación. Lo que quería decir es que, especialmente para algunas personas, el celibato puede ayudar a mantener la concentración sobre la dimensión religiosa, sobre el aspecto espiritual... pero, en otros casos, podría ser incluso un obstáculo... Más allá de la enunciación general, depende de cada una de las personas. Pero volvamos al tema del monaquismo... obviamente, además de las semejanzas existen también algunas diferencias entre el monaquismo budista y el cristiano...

—*¿Cuáles?*

—La meditación... Por lo que he podido observar, me parece que en el ámbito cristiano no existen verdaderas técnicas de meditación vinculadas a la oración y a los rituales. Éste es, en cambio, un aspecto peculiar del budismo. Viceversa, el monaquismo cristiano está mucho más comprometido con las actividades sociales respecto a la comunidad de los creyentes laicos, que el monaquismo budista.

—*¿Aconsejaría una integración recíproca de estos aspectos en ambas formas de monaquismo?*

–En cierto sentido sí… Algunas de nuestras prácticas meditativas podrían ciertamente beneficiar a los monjes cristianos y católicos, así como una mayor sensibilidad social podría enriquecer la experiencia de los monjes budistas. Sin embargo, quisiera que se entendiese bien lo que estoy diciendo… que el sentido de mis palabras fuese claro. No estoy hablando en absoluto de unir budismo y cristianismo en una única religión. No pienso, ni mucho menos, que debamos ir hacia una suerte de religión universal igual para todos los seres humanos. Si destaco las analogías de las diferentes vías religiosas, es para hacer comprensible que todas ellas tienen el mismo fin… pero son distintas en lo que concierne a los medios. Es realmente importante que se puedan elegir diferentes caminos espirituales. Por ejemplo, cuando voy a países en los que el budismo ha comenzado a difundirse sólo en estos últimos años, intento siempre aclarar que sería mejor para las personas permanecer en el ámbito de su religión tradicional… me esfuerzo por reafirmarlo cada vez que se me presenta la ocasión. No voy a esas naciones con el intento de hacer proselitismo o para convertir… Creo que si un ser humano nace con una determinada tradición, por lo general es bueno que trate de seguirla… y esto vale en cualquier rincón del mundo. Sin embargo, hay casos en los que su tradición no satisface las exigencias espirituales de algunos… el lenguaje religioso en el que se nació no habla, es mudo. En este caso sí es importante que el hombre o la mujer que no se reconoce en la religión de la cultura originaria pueda elegir otra. No se trata, entonces, de que se forme un «mercado» de las religiones, donde cada cual luche para vender la suya… Al contrario, nosotros debemos ser capaces de ofrecer una respuesta a quien aún no la ha encontrado... pero no tenemos que hacer nada para «vender» nuestra religión... precisamente porque es una religión y no una mercancía. Es algo realmente importante en la vida de los seres humanos... A menudo, asistimos a manifestaciones, a veces incluso exageradas, de respeto exterior por las formas religiosas... pero cuando mediante el proselitismo nos ponemos al mismo nivel de un vendedor de cualquier tipo de mercancía... creo que, en ese caso, estamos ofendiendo de manera muy grave a nuestra religión.

—*Dalai, usted está hablando de «mercancías», y esta palabra me trae a la memoria una corriente filosófico-política occidental que a menudo ha sido definida como una forma de religión laica. Me refiero al marxismo que, entre otras cosas, define la religión como el «opio del pueblo». ¿Qué piensa del marxismo y de esta afirmación respecto a la experiencia religiosa?*

—Acabo de decirle qué es lo que pienso de la religión, de la experiencia religiosa... por lo tanto, es obvio que no estoy en absoluto de acuerdo con la frase de Karl Marx que usted ha citado. Pero, atención, no estoy de acuerdo como enunciación general... con la idea de que la religión es una especie de opio del pueblo. Sin embargo, tenemos que admitir, con tristeza y pena, que en algunos casos la religión ha sido usada y vivida efectivamente como opio del pueblo... pero se trata de casos en los que la religión no cumplió con su finalidad, con sus propios fundamentos que son precisamente lo contrario de una droga. En cambio, como le he dicho, son los vehículos principales que la humanidad posee para liberarse del dolor, para emanciparse del sufrimiento y obtener la liberación. Quien se aparta de estas normas puede incluso vender opio al pueblo, pero, ciertamente, no puede considerarse, y todavía menos ser considerado, una mujer o un hombre religioso. Por otra parte, este argumento vale para todos… ¡hay tantas personas que afirman hacer determinadas cosas y, en cambio, hacen exactamente lo contrario!… y nosotros, ¿cómo deberíamos juzgarlos? ¿Por lo que dicen o por lo que hacen?

—Por otro lado, si no me equivoco, fue el propio Marx quien dijo que no había que juzgar a las sociedades burguesas por sus nobles enunciaciones, sino por las condiciones concretas en las que hacían vivir al pueblo…

—Usted sabe muy bien, por ejemplo, que nuestro país, el Tíbet, fue brutalmente invadido por la China comunista, que realizó destrucciones y violencias inimaginables… sin embargo, el gobierno de Pekín habló siempre de pacífica liberación del Tíbet… se trataba sólo de un eslogan propagandístico… La posición china en el Tíbet no debe ser juzgada por lo que afirma haber realizado, sino por lo que realmente ha hecho. Lo mismo vale con las religiones. Debemos juzgar su labor concreta para entender si se trata de una experiencia auténticamente espiritual o de otra cosa. Pero el sentido de la experiencia religiosa es ayudar a la gente a crecer y mejorar… y también pienso que es lo que generalmente ocurre.

—Pero del marxismo, Dalai, ¿qué piensa?

—Es difícil decirlo… porque, por un lado, está el marxismo y, por otro, las diversas formas de comunismo que se llevaron a cabo concretamente, y que incluso varias veces estuvieron en guerra entre ellas, como la Unión Soviética y la China Popular, o Vietnam y Camboya... Yo, además, a pesar de la invasión china y el adoctrinamiento recibido durante mi viaje a Pekín en los años cincuenta, ¡no soy un experto en marxismo! (se ríe). Puedo decir que estoy decididamente en contra de algunas teorizaciones como la concepción de partido único y de la dictadura del proletariado, porque soy un convencido defensor de la democracia y de los derechos civiles. Así como estoy en completo desacuerdo con el uso de la violencia, entendida como instrumento para vencer la batalla de la lucha de clases. Sin embargo, hay un aspecto del marxismo que, por decirlo así, siento bastante cercano...

–*¿Cuál?*

–La aspiración a una cierta igualdad entre los seres humanos... la idea de que todos deberían tener, al menos, una condición económica decorosa... Existe un nivel de pobreza e indigencia al que jamás se debería llegar... comparto la idea de que, para realizar todo esto, quien posee mucho tendría que sacrificar parte de sus riquezas para dar a quien no tiene nada. Encuentro ética esa actitud... una ética que tiene afinidades profundas con el budismo *Mahayana* y con mi personal forma de pensar. Obviamente esta ética se pisotea si, en su nombre, se egerce violencia y privación de las libertades y derechos humanos... si, en su nombre, se mata, se tortura, se oprime, como desgraciadamente sucedió en muchas ocasiones en las que los diversos partidos comunistas consiguieron el poder.

—*En estos casos podríamos decir que el marxismo fue usado como opio del pueblo…*

—Sí, sí… ¡es precisamente así! (Se ríe).

—*Volviendo a las religiones propiamente dichas, ¿qué papel piensa que pueden desempeñar en el futuro de este planeta, futuro que anuncian cargado de problemas y dificultades?*

—Para empezar, tienen que comprender que la finalidad de las religiones, de todas las religiones, no es sólo la de edificar templos o iglesias maravillosas e imponentes… es más, si miramos bien, quizá ésta no debería ser ni siquiera la finalidad principal. Más bien deberían cooperar en la educación de la comunidad humana en la tolerancia, el altruismo y la generosidad, más allá de las diferencias y de las divisiones. Verá, usted tiene toda la razón cuando habla de un futuro cargado de problemas y dificultades. Este planeta está al borde de una crisis gravísima… la contaminación, la superpoblación y las guerras, que hoy en día pueden resultar destructivas como jamás había ocurrido en el pasado, son problemas terribles. Pues, si no educamos a las personas en la cultura del diálogo y de la tolerancia recíproca… si no erradicamos o, por lo menos, reducimos significativamente la agresividad y el odio… si no creamos las condiciones interiores para la coexistencia pacífica de todos los pueblos y de todas las sociedades… entonces se preparan días dramáticos para nuestro planeta, que se ha vuelto realmente muy pequeño y siempre más interdependiente. Ahora bien, por muchas leyes que se establezcan, por muchas buenas intenciones que puedan expresar las organizaciones internacionales, por muchas palabras bonitas que puedan difundir los gobiernos, si las mentes y los corazones de los seres humanos no cambian, no podrá darse ningún cambio positivo en este mundo... y todos nosotros nos hallaremos en el borde del volcán a la espera de su explosión... explosión que puede suceder de un momento a otro. Y la conciencia de semejante eventualidad aumentará las ansiedades, los miedos, el pánico de la gente que, si no está adoctrinada, provocará todavía más ansiedades, más miedo y más pánico, en un proceso dramático que se alimentará a sí mismo hasta la explosión. Si éste es el probable cuadro general, y desgraciadamente yo creo que es así, la función de las religiones es de fundamental importancia. Éstas, aceptando las respectivas diferencias como naturales y positivas, deberían cooperar en todos los ámbitos. Nosotros, en calidad de practicantes de distintas creencias, deberíamos considerarnos como instrumentos esenciales para desarrollar, dentro de nosotros mismos y en los demás, amor, buen corazón, respeto y tolerancia hacia el prójimo y un sincero sentimiento de apertura interior. Sé muy bien que para muchos estas palabras mías pueden sonar retóricas, idealistas, poco concretas. Pero es un error juzgarlas de esta manera. Si la humanidad no logra efectuar un cambio positivo de este tipo durante los próximos decenios, significa entonces que nos esperan días muy oscuros. Creo que la verdadera retórica y la verdarera falta de concreción se encuentran en no afrontar estos problemas y en no afrontar los problemas desde esta perspectiva.

—Dalai, usted está hablando de un cometido grande y laborioso que corresponde a las religiones en su totalidad, sin embargo, ¿no le pare-

ce que las funciones de éstas están, al contrario, perdiendo importancia en gran parte del mundo?

–No, no lo creo. A pesar de la progresiva obra de laicización debida al proceso de modernización, y también del intento sistemático de algunos sistemas totalitarios de destruir el sentimiento religioso de la gente, pese a todo esto, me parece que la gran mayoría de la humanidad continúa profesando una u otra religión. La fe en la experiencia religiosa está resistiendo a muchas pruebas difíciles, a menudo incluso muy violentas. El instinto religioso y el sentimiento espiritual están demostrando una gran fuerza en estos últimos años, y esta gran fuerza puede ser utilizada para crear las condiciones interiores de un cambio positivo, de una cultura de paz y de una comprensión recíproca. Verá, estoy totalmente convencido de esto… el cambio no podrá darse, sólo a nivel político o tecnológico, me refiero obviamente a un cambio real y duradero. Tendrá que producirse también un cambio en los corazones y en las mentes… por consiguiente, se trata de una transformación espiritual que llevará a mujeres y hombres de este planeta a mirarlo todo, a mirarse a sí mismos, con ojos nuevos, mejores… Si no mitigamos la ira que está dentro de nosotros, si no cambiamos de actitud en relación a la violencia y al odio, ¿cómo podemos pensar en cambiar efectivamente las cosas? ¿Sólo con las leyes? No lo creo posible, porque las leyes son importantes, pero aún más importante es que los ciudadanos, o al menos su gran mayoría, las observen y las sigan porque estén convencidos de sus virtudes. No pienso que las leyes, incluso las mejores, puedan dar buenos resultados si la gente está obligada a respetarlas a la fuerza, si no está convencida de la bondad de esa norma, aunque ésta sea efectivamente buena ... Creo que una situación de este tipo frustra la bondad de cualquier ley... Es absolutamente fundamental que exista un consenso genuino sobre las normas de nuestra convivencia. Ya es hora de que todos nosotros, desde los ciudadanos comunes hasta los grandes líderes de las naciones, comprendamos que, a pesar de todas nuestras diferencias, pertenecemos a la misma familia humana y que las diferencias de raza, cultura e ideología, no deberían ser motivo de tensión o enfrentamiento sino, al contrario, de diálogo, de curiosidad inteligente y deseo de encontrarse y conocerse. Los budistas llamamos compasión a esta actitud, otros la llaman amor, otros hermandad... quién sabe de cuántas otras formas podemos llamarla... pero lo importante es que esta actitud entre en el corazón y en la mente de toda la humanidad, y que ésta cambie radicalmente su forma de pensar, de expresarse, de vivir. Y si no queremos efectuar esta transformación para el beneficio de los demás, si no tenemos todavía una actitud efectivamente altruista... hagámosla, al menos, por nosotros mismos. Tratemos de entender que un clima realmente más abierto y relajado actúa también en nuestro propio interés... si de verdad queremos seguir siendo egoístas, ¡convirtámonos, por lo menos, en egoístas inteligentes! (Se ríe).

La Política de la Gentileza y la Responsabilidad Universal

—En estos últimos años, usted ha hablado muy a menudo de la Política de la Gentileza y de la Responsabilidad Universal. ¿Podría explicarnos estos dos conceptos?

—Son la continuación natural de lo que hemos dicho anteriormente, hablando de la experiencia religiosa y de su aportación al futuro del mundo. Verá, este «planeta azul» nuestro es el ambiente más fascinante que conocemos... su existencia es nuestra existencia. No creo que la tierra sea un ser vivo pero, de todos modos, es nuestra madre, y nosotros, como niños, dependemos de ella. Hoy, frente a todos los problemas que amenazan incluso la existencia de nuestra madre tierra, y no sólo la coexistencia de los seres humanos, todos debemos hacer un gran esfuerzo para cooperar... para encontrar juntos una respuesta positiva a las grandes preguntas de este milenio. Y creo que conceptos como la Política de la Gentileza y la Responsabilidad Universal pueden ser útiles.

—Dalai, la expresión Política de la Gentileza es fascinante; ¿nos la puede explicar en concreto?

—Verá usted, todos habitamos el mismo planeta y todos formamos parte de la misma familia humana, queramos o no. Europeos o asiáticos, americanos o africanos, ricos o pobres, hombres o mujeres, creyentes o no creyentes... a fin de cuentas, cada uno de nosotros es un ser humano como todos los demás... y todos nosotros, todos los seres humanos, deseamos ser felices y no sentir dolor o sufrimiento. Todos tenemos el mismo derecho a esta felicidad... a esta ausencia de dolor. En otros tiempos... incluso hasta hace pocos decenios, existían naciones o comunidades que podían vivir en un parcial o total aislamiento. El Tíbet era, por ejemplo, una de estas naciones. Vivíamos bastante aislados del resto del mundo y nos sentíamos más bien orgullosos de ello... si bien, como ya he dicho, creo personalmente que fue un error que pagamos caro cuando, más tarde, los chinos nos invadieron. De todos modos, fuera acertado o equivocado, el hecho es que hasta hace apenas pocos decenios esto era posible. Hoy ya no lo es. Bajo cualquier aspecto, político, económico, cultural, ecológico... lo que sucede en una determinada parte del mundo, incluso remota o poco accesible, afecta enseguida a todo el planeta... Las informaciones viajan a la velocidad de la luz... radio, televisiones y medios de comunicación las transmiten a cualquier parte en un abrir y cerrar de ojos...

–*La «aldea global» de la que hablaba Marshall Mc Luhan en los años sesenta...*

–Sí, una aldea global o, si prefiere, la teoría de la interdependencia budista aplicada a la vida social, a los acontecimientos de cada día. Todo lo que nosotros hacemos interacciona con los demás, y todo lo que hacen los demás interacciona con nosotros. Por consiguiente, en esta situación de interdependencia, el modo más conveniente de lograr nuestro provecho es tener en cuenta también el de los demás... es lo que anteriormente he definido como «egoísmo inteligente»... y, en este contexto, yo creo que debemos recurrir a la compasión, al altruismo y al amor, que son los mejores instrumentos para obrar en el mundo y para el mundo... es lo que llamo la Política de la Gentileza.

–¿Y esta política da los frutos esperados? ¿Produce resultados?
–A corto plazo quizá no muchos... se podría incluso tener la impresión de que no los da en absoluto. Pero estoy convencido de que, a medio y largo plazo, los resultados llegan... y son muy positivos. Verá, en el Tíbet decimos que se pueden curar muchas enfermedades con la medicina de la compasión y del amor. La necesidad de estos sentimientos radica en las profundidades de nuestro ser. No cabe duda de que todos nosotros nos sentimos mejor cuando logramos ser amables, afectuosos... cuando creamos un clima de recíproca satisfacción y positividad. O cuando los demás crean este clima y nosotros somos los beneficiados. También aquéllos que tienen un carácter irascible y agresivo son felices en los momentos en que arrinconan estos aspectos de su personalidad, superados por el amor y el altruismo. Estos sentimientos, la mayoría de las veces, provocan una especie de reacción análoga... Es difícil responder con ira y con violencia a quien nos trata con gentileza, a quien tiene en consideración nuestras necesidades, nuestros intereses, nuestros puntos de vista... y viceversa, si nos responden con hostilidad, con dureza, es

más fácil que sea una dura prueba para nuestros buenos modales. Pero tomar nota de la necesidad de armonía no basta. Tenemos que movilizarnos para que nuestras actitudes interiores mejoren y, después de que nosotros mismos hayamos cambiado, tratar de ayudar a los demás para que cambien... La compasión, una mente compasiva produce frutos perfumados como una flor. La compasión origina otras cualidades positivas, como la tolerancia, la confianza en el diálogo, la comprensión recíproca y muchas más. La mente compasiva posee la fuerza de transformar lo negativo en positivo, la cerrazón en apertura, la visión estrecha en visión abierta y panorámica.

—Y la educación en el altruismo, en la tolerancia, ¿es un aspecto específico de la práctica religiosa?

—Ciertamente forma parte, debería formar totalmente parte, de la práctica religiosa... pero no debería ser únicamente prerrogativa de ésta. Desarrollar el altruismo tendría que ser responsabilidad de todos nosotros, no sólo de los religiosos. Educadores, dirigentes políticos, simples ciudadanos... todos tendrían que empeñarse en esta obra de educación y autoeducación. No creo que exista una determinada categoría, por decirlo así, poseedora de este cometido. Por cierto, en el ámbito religioso, debería ser natural desarrollar el altruismo y practicarlo con los demás...

—Sobre todo con quienes no son así... porque serlo con personas que son igual o más altruistas que nosotros podría resultar bastante fácil. Al contrario, practicarlo con quien nos atacan y amenazan...

–Practicar el altruismo es siempre positivo y requiere de una cierta autoeducación, incluso cuando lo practiquemos con personas que han sido compasivas con nosotros. Si no hemos desarrollado una verdadera mente altruista, podríamos caer en la tentación de aprovecharnos también de quien ha sido amable con nosotros. Obviamente, es mucho más sencillo practicar la gentileza con quien es amable... como he dicho antes: la gentileza atrae a la gentileza. Pero tenemos que esforzarnos en practicar la Política de la Gentileza y en tener una mente compasiva también hacia los que nos acometieron, hacia los que recurrieron a la violencia, hacia los que nos sometieron a todo género de injusticias...

–Dalai, ¿está pensando en su pueblo y en cómo los chinos se ensañaron con el Tíbet?

–No, no me refería particularmente a la tragedia tibetana pero, ya que usted ha hablado de esto, podríamos tomarlo como ejemplo de lo que estoy diciendo. El Tíbet ha sufrido todo género de violencia desde 1950, tras la invasión china. Sin embargo, yo me estoy esforzando para convencer a mi pueblo, por todos los medios, de que no deben responder al estado actual de las cosas con la misma actitud mental de nuestros opresores. Estoy buscando el diálogo desde hace muchos años, estoy intentando hacer propuestas políticas que tengan en cuenta también el punto de vista de Pekín, estoy intentando practicar con los chinos la Política de la Gentileza. Sólo a través de esta actitud mental lograremos encontrar realmente una solución eficaz y positiva a nuestros problemas. Puede parecer una posición idealista absurda...

pero no es así. Al contrario, si nosotros nos pusiéramos al mismo nivel de violencia, de enfrentamiento y de brutalidad que nuestros adversarios, correríamos un riesgo terrible: volvernos como ellos... y aunque supuestamente pudiésemos ganar en este terreno nuestra batalla por la libertad, de todos modos, habríamos perdido... porque perderíamos nuestras mejores cualidades interiores.

—Dalai, ¿está usted diciendo que si los tibetanos recurrieran a formas de lucha violenta y al terrorismo, aun en caso de una hipotética victoria lograda usando estos métodos, perderían de todos modos? ¿Y esto porque, si los chinos se marcharan físicamente del territorio tibetano, continuarían de alguna manera presentes habiendo suscitado en el ánimo tibetano estas actitudes mentales negativas?

—Éste es mi gran temor. Si los jóvenes tibetanos, que juzgan mi política moderada carente de resultados y, aún peor, sin esperanzas y perspectivas para el futuro, ceden a la desesperación... si recurren a formas de resistencia armada y violenta, perderán varias cualidades que, desde siempre, forman parte de la civilización tibetana. De este modo, seríamos despojados espiritualmente, interiormente... de una manera que ninguna violencia externa había logrado jamás. Nosotros mismos nos privaríamos de aquello que más de cuarenta años de ocupación extranjera no había logrado. Verá, el Tíbet tradicional... el «viejo Tíbet», no era un paraíso terrenal, ya hemos hablado de ello. Sin embargo, era un mundo en el que la gran mayoría de la población, independientemente del estamento social y de la región en que vivieran, se identificaba con una cultura basada en valores como la tolerancia, la gentileza, el respeto recíproco... Ciertamente, también había problemas en el viejo Tíbet, pero fundamentalmente la gente practicaba la compasión y el altruismo. Si la ocupación china lograra convencer a una parte significativa de mi pueblo a que renunciase a su propio patrimonio, a esta peculiaridad... éste sería tal vez el fruto más amargo de la invasión china... incluso peor que la pérdida de nuestra libertad.

—Entonces, usted persiste en la práctica del altruismo, que a estas alturas se ha vuelto un punto de referencia no sólo para su pueblo, sino para la gente de todo el mundo... sobre todo tras haber recibido, en 1989, el Premio Nobel de la Paz...

—De todos modos continuaría con la Política de la Gentileza... claro que el hecho de haber recibido un reconocimiento internacional tan importante como el Premio Nobel de la Paz me ha cargado, por decirlo así, de una particular responsabilidad y me ha dado también mucha fuerza para proseguir en mi camino personal. Lo que quisiera decirle es que una actitud compasiva es, a menudo, el único modo de resolver los conflictos...

—¿Cualquier tipo de conflicto?

—Sí, cualquier tipo de conflicto... en el ámbito de la política, de la economía, de la religión. No nos damos cuenta casi nunca de que, muchas veces, son precisamente nuestras actitudes, nuestros conceptos, los que crean los problemas que quisiéramos resolver. Si somos cerrados, rígidos, sordos... ¿cómo podremos superar todas las pruebas a las que nos somete la convivencia con los demás? Cada contacto se volvería un motivo de conflicto. Atención, no estoy hablando sólo de los grandes conflictos... conflictos entre naciones, estados, potencias mundiales... me refiero también a los conflictos de la vida cotidiana, a los que nos encontramos día tras día y a los que si no encaramos con la debida actitud mental pueden arruinar nuestra existencia. A menudo, cuando expreso estas ideas a la gente, al menos una parte de las personas que encuentro se quedan desconcertadas y me preguntan qué entiendo efectivamente por actitud compasiva. Pienso que el fundamento de una verdadera actitud compasiva debería ser siempre una simple constatación: no tendríamos que olvidarnos jamás de que todos somos seres humanos.

Verá, cuando tenemos un conflicto con alguien, muchas veces nos olvidamos de este simple hecho... tendemos a olvidarnos de la humanidad de nuestro adversario. No lo vemos como uno de los nuestros, que piensa de otra manera, con el que tenemos asuntos que aclarar. Poco a poco la imagen que tenemos de aquél o aquélla con quien tenemos un conflicto deviene cada vez más abstracta... nuestro adversario se transforma en un símbolo negativo, en un símbolo del mal... y, entonces, nos volvemos siempre más cerrados respecto a lo que él o ella tienen que decirnos... hacemos oídos sordos a sus palabras, a sus puntos de vista. Y lo que debería ser una conversación para acercarnos a un acuerdo recíprocamente satisfactorio, se transforma en un verdadero diálogo de sordos.

Por eso ocurre tan a menudo que no nos entendemos. En cambio, si logramos no olvidar nunca la humanidad de nuestro contendiente, si somos capaces de percibir que sufre como nosotros sufrimos, que tiene problemas como nosotros los tenemos, que es un hombre o una mujer como nosotros... si logramos hacer todo esto, yo creo que estamos manifestando una actitud compasiva y, a través de ella, seremos capaces de ayudar a los demás y, sobre todo, a nosotros mismos. Conseguiremos resolver con mayor facilidad los grandes y pequeños problemas que la vida nos presenta... y, mejorando nuestra existencia, mejoraremos las existencias de todos... aumentaremos la calidad de vida en el planeta entero. Verá, creo que seguir estos principios quiere decir poner en práctica concretamente el budismo. ¿Está de acuerdo?

—*Creo, sinceramente, que sería muy difícil no estar de acuerdo con usted, Dalai...*

—Sabe, el budismo tiene una estructura filosófica, psicológica y epistemológica realmente imponente. A veces, los que desean empezar a estudiar las enseñanzas de Buda y de sus sucesores se asustan ante el tamaño de los textos, comentarios y libros que deben estudiar. Obviamente, es muy importante estudiar todo esto con seriedad y empeño.

Yo aconsejo a quienes se sienten cohibidos, que comiencen la práctica budista leyendo las biografías de los grandes maestros espirituales del pasado. La lectura de las vidas de los santos, de los *yogis* y de los meditadores que hicieron la historia del *Buddhadharma* en el transcurso de siglos y siglos, es algo realmente inspirador. ¿Y sabe por qué?

–*¿Por qué?*

–Porque el lector puede aprender directamente a través de la experiencia concreta del maestro... de sus acciones, de su forma de vivir... ver el budismo aplicado a la vida cotidiana. Esto es muy importante... Un camino espiritual no es una ideología... un mero bagaje de puntos de vista que se pueden compartir más o menos, que hay que aprender de memoria... Es algo vivo, concreto, que cambia nuestra esencia de hombres y mujeres en esta existencia concreta. Ciertamente son importantes el estudio y el conocimiento de los textos, pero leer las biografías de los grandes lamas del pasado puede darnos la inspiración necesaria para proceder en el sendero espiritual. Y usted puede constatar que, en todas estas biografías, las acciones de los maestros se basan siempre en la actitud compasiva, en el *bodhichitta*, en el ánimo de ayudar a todos los seres vivos.

–*Mientras usted dice estas cosas, Dalai, recuerdo muchos discursos que, a menudo, se hacen en Occidente sobre la supuesta «abstracción» de las religiones orientales y del budismo en particular... me refiero a todas las personas convencidas de que ser practicantes budistas significa retirarse y apartarse del mundo, de la vida concreta...*

–Pero ésta es una impresión completamente equivocada... Es cierto, en el budismo tenemos también una tradición de *yogis* y de meditadores que transcurren la mayor parte de sus vidas aislados... pero se trata de una minoría de practicantes... una minoría cualitativamente importante. Sin embargo, la mayoría de los maestros budistas viven en el mundo, entre la gente. Además, también para los ermitaños y los *yogis* budistas, el fundamento de su práctica es la motivación de alcanzar la iluminación para todos los seres vivos, y su práctica espiritual y sus realizaciones son en beneficio de toda la comunidad humana...

—*¿Cómo?*
—Porque si una persona que alcanza la iluminación sigue viviendo en lugares apartados y aislados, el beneficio de su estado se extenderá de una manera natural en el ambiente... su ejemplo llegará de todos modos a la comunidad humana y será fuente de inspiración para todos. Pero le decía que sólo un reducido grupo de meditadores formaba parte de esta tradición de ermitaños... la mayoría de los maestros espirituales del Tíbet vivía en estrecho contacto con la gente que se beneficiaba, no sólo de sus excelsas enseñanzas, sino también de su estilo de vida, de sus acciones concretas. No creo en absoluto que se pueda afirmar que el budismo, que practicar el budismo, signifique abstraerse, apartarse del mundo. Al contrario, practicar quiere decir empeñarse concretamente en la liberación propia y en la de los demás... en el fin del sufrimiento propio y el de los demás.

—*Y por Responsabilidad Universal, ¿qué entiende?*
—Darse cuenta de que todos nosotros, cada uno de nosotros, somos responsables del destino de este planeta y de su comunidad... comprender que existe una relación profunda entre lo que podemos hacer como individuos y como colectividad. Y, sobre todo, comprender que la verdadera compasión no se refiere a nuestras afirmaciones

abstractas, sino a lo que logramos poner efectivamente en práctica. Responsabilidad Universal significa, además, construir una auténtica cultura de la no-violencia… entender cuán importante es progresar en este campo, seguir adelante en esta dirección. Para mí, Responsabilidad Universal significa comprender la absurdidad de la guerra, la absurdidad de tener que dedicar tantos recursos económicos a la construcción de artefactos bélicos y al mantenimiento de costosos aparatos militares. Responsabilidad Universal es darse cuenta de que todos formamos parte de la misma familia humana y de que nuestro destino es, y no puede ser otra cosa, común. Y, finalmente, responsabilidad universal significa, a pesar de todos los problemas que tenemos enfrente, mirar hacia el futuro con optimismo. Creer en la fundamental inteligencia y bondad del ser humano… creer que lograremos expresar estas cualidades y que sabremos construir un mundo basado en el respeto, en el diálogo, en el altruismo… que sabremos construir un mundo mejor.

Apéndice

Glosario

Durante nuestras conversaciones, el Dalai Lama ha recurrido, a menudo, a términos doctrinarios de la tradición budista y de la cultura tibetana, que al lector puede que no le sean demasiado familiares. A veces, los explica directamente, en otros casos los da por supuestos. Por este motivo, con tal de aclarar pequeños conceptos, he pensado añadir al texto este pequeño glosario que, espero, resulte útil de algún modo al lector.

Las abreviaturas sáns. y tib. colocadas entre paréntesis se refieren a la lengua, sánscrita o tibetana, de estas palabras.

Abhidharma (sans.) Parte del llamado tríplice cesto, es decir, el conjunto de las principales enseñanzas que constituyen las escrituras budistas. El primero es el *vinaya-pitaka*, que concierne a la disciplina y normas de comportamiento ético y moral de monjes y practicantes laicos. El segundo es el *sutra-pitaka* que se refiere a las técnicas meditativas y a los diferentes modos de la formación mental. El tercero es, precisamente, el *abhidharma-pitaka*, que estudia, esencialmente, el funcionamiento de la psique y la psicología budista.

Abhisheka (sáns.)   Iniciación o, mejor dicho, «transmisión de poder». Ceremonial ritual oficiado por maestros de alto nivel, muy importante en el *Tantrayana*.

Bodhi (sáns.)   Iluminación interior.

Bodhichitta (sáns.)   Aspiración altruista a obtener la iluminación para el beneficio de todos los seres vivos; actitud fundamental en el budismo *Mahayana* y *Vajrayana*.

Bodhisattva (sáns.)   Aquella persona que dedica su propia existencia para el beneficio de todos los seres vivos. Representación de una particular cualidad del principio de la iluminación.

Bon (tib.)   Antigua religión del Tíbet que precedió al budismo. Aún hoy poco conocida, parece que fue una suerte de chamanismo relacionado con el culto a las fuerzas de la naturaleza.

Brahmano (sáns.)   Perteneciente a la principal casta hindú, la sacerdotal.

Buda (sáns.)   Aquél que ha alcanzado el estado de iluminación.

Cham (tib.)   Danzas rituales de los lamas.

Chenrezig (tib.)   El *bodhisattva* que encarna el principio de la compasión (en sánscrito se le conoce como *Avalokitesvara*). Se le considera el protector del Tíbet y el Dalai Lama es su máxima y principal manifestación terrenal.

Chortén (tib.)   Principal monumento arquitectónico de la tradición budista. Creado originalmente como relicario para albergar los restos de Buda Sakyamuni, con el paso del tiempo, se convirtió en uno de los principales símbolos de la presencia budista en el continente asiático.

Dalai Lama (tib.)

Máxima autoridad espiritual y política del pueblo tibetano. La tradición de los Dalai Lama nació en el siglo XIV con Gedun Trupa (1391-1472) y ha llegado hasta nuestros días con el actual Dalai Lama (Tenzin Gyatso), que vive en el exilio en Dharamsala, una pequeña localidad en el estadio indio de Himachal Pradesh. Tenzin Gyatso, el decimocuarto Dalai Lama, fue Premio Nobel de la Paz en 1989.

Devanagari (sáns.)

Escritura divina. Es una de las principales escrituras sánscritas que la escritura tibetana tomó como modelo. Fue concebida por el estudioso Tomi Sambhota en el siglo VII d.C.

Dharma (sáns.)

Ley o camino espiritual. Este concepto, normalmente, se utiliza como sinónimo de budismo.

Gelong (tib.)

Monje de la tradición tibetana.

Gelug-pa (tib.)

Es la escuela más difundida del budismo tibetano. Fundada por el lama

Tsong Khapa, a principios del siglo XV, en Occidente se conoce comúnmente con el nombre de «escuela amarilla» por el color de los gorros ceremoniales que llevan sus afiliados.

Kagyu-pa (tib.) Una de las cuatro escuelas del budismo tibetano. Fundada por Gampopa (1079-1153) en el siglo XI, incluye entre sus exponentes al célebre poeta y místico Milarepa.

Kangyur (tib.) Literalmente, «transmisión de la palabra», es la parte del canon tibetano que contiene la traducción de los discursos de Buda Sakyamuni.

Kata (tib.) Larga bufanda blanca, normalmente de seda o algodón, que se ofrece como regalo a quien visita a personalidades eminentes, tanto religiosas como laicas.

Kundun (tib.) Literalmente «la presencia». Uno de los nombres tibetanos para referirse al Dalai Lama.

Lama (tib.)   Traducción tibetana de la palabra sánscrita *gurú*, maestro espiritual.

Mandala (sáns.)   Uno de los más importantes símbolos del budismo. Generalmente representado por un diagrama con una divinidad en el centro a la que el *mandala* está dedicado. El *mandala* tiene la forma característica de una especie de palacio, con un centro y cuatro entradas colocadas en los distintos puntos cardinales. Los *mandala* se pueden hacer con arena coloreada, arroz o pinturas en las paredes y en las *tangka*. Es un auténtico universo simbólico en miniatura que sirve como objeto de meditación.

Mantra (sáns.)   Fórmula sagrada, oración.

Nirvana (sáns.)   Literalmente «la condición más allá del dolor», es decir, el estado en el que terminan todos los sufrimientos.

Nyingma-pa (tib.)   Una de las cuatro principales escuelas del budismo tibetano. Procede de las enseñanzas budistas llevadas al Tíbet por Padmasambhava, en el siglo VIII.

Padmasambhava (sáns.)   Es el gran *yogi* indio que introdujo el budismo en el Tíbet en el siglo VIII, llamado por los tibetanos «el segundo Buda».

Puja (sáns.)   El ceremonial litúrgico del budismo tibetano y del hinduismo.

Sadhana (sáns.)   Literalmente «medios para la obtención». Son el conjunto de ejercicios espirituales que constituyen, generalmente, la práctica cotidiana del budista. Una *sadhana* se subdivide habitualmente en cuatro fases.

Sakyamuni (sáns.)   Nombre del Buda histórico fundador de la religión budista.

Sakya-pa (tib.)   Una de las principales cuatro escuelas del budismo tibetano, fundada por una sucesión de cinco maestros, el más importante de los cuales fue Sakya Pandita (1182-1251).

Sanga (sáns.)   Comunidad religiosa, la comunidad de los devotos budistas.

Sutra (sáns.)   Los textos que contienen las enseñanzas de Buda Sakyamuni.

T angyur (tib.)   Literalmente «traducción de los comentarios». Es la parte del canon tibetano que contiene los comentarios de los maestros indios a los discursos de Buda Sakyamuni.

Tantra (sáns.)   Las enseñanzas esotéricas de Buda Sakyamuni concedidas tanto en su forma humana como en la de particulares divinidades. El tantra está compuesto por los textos principales del budismo tibetano.

Trapa (tib.)   Monje aún no ordenado como tal.

Tulku (tib.)   Literalmente «cuerpo de emanación». Se trata de aquellos lamas que deciden volver a la tierra bajo apariencia humana para beneficiar a la humanidad con sus enseñanzas.

Vajrayana (sáns.)   El «vehículo del Vajra», nombre correcto para referirse al budismo ti-
betano. El *Vajrayana* enseña que los
niveles más bajo y más alto de la conciencia son los mismos

Vinaya (sáns.)   El código de las normas de comportamiento del monaquismo budista.

Bibliografía

Daisaku Ikeda, *El misterio de la vida a la luz del Budismo*. Ed. Héptada.

Dalai Lama con Howard C. Cuttler, M. D., *El arte de la felicidad*. Ed. Grijalbo.

Dharma Arya Akong Rinpoché, *El arte de domar al tigre*, Ed. Dharma.

J. Goldstein & J. Kornfield, *Vipassana. El camino de la meditación interior*. Ed. Kairós.

Jean Claude Carrière, *La fuerza del Budismo*. Ediciones B.

Jiddu Krishnamurti, *La libertad interior*. Ed. Kairós.

Matthew E. Bunson, *La sabiduría del Dalai Lama*. RBA Publicaciones.

Narada Thera, *Dhammpada. La enseñanza de Buda*. Ed. Edaf.

Sogyal Rinpoché, *El libro tibetano de la vida y la muerte*. Ed. Urano.

Sri Chinnoy, *La enseñanza silenciosa*. Ed. Obeslisco.

Tenzin Gyatso, *Hacia la paz interior*. Ed. Martínez Roca.

Thubten Chodron, *Corazón abierto, mente abierta*. Ed. Dharna.

Tom Lowenstein, *La visión de Buda. Leyendas, creencias y lugares sagrados del Budismo*. Círculo de lectores.

Diccionario de la Sabiduría oriental. Ed. Paidós.

Bardo Thödol, El libro tibetano de los muertos. Ed. Obelisco.